OCEANO exprés

LO QUE TODA MUJER DEBE SABER ACERCA DE LOS HOMBRES

La afectividad masculina

WALTER RISO

LO QUE TODA MUJER DEBE SABER ACERCA DE LOS HOMBRES

La afectividad masculina

OCEANO exprés

Diseño de portada: Leonel Sagahón / Jazbeck Gámez

LO QUE TODA MUJER DEBE SABER ACERCA DE LOS HOMBRES
La afectividad masculina

Eugenio Sue 55, Col. Polanco Chapultepec
Del. Miguel Hidalgo, C.P. 11560, México, D.F.
Tel. (55) 9178 5100 • info@oceano.com.mx

Para su comercialización exclusiva en México, países de Centroamérica y del Caribe, Estados Unidos y Puerto Rico.

Segunda reimpresión en Océano exprés: marzo, 2016

ISBN: 978-607-735-603-5

Impreso en México / Printed in Mexico

Para Lucy y Virgi,
a la suerte de tenerlas
rondando mi vida.

Si el invierno dijera: "En mi corazón está la primavera", ¿le creerías?

JALIL GIBRÁN

Índice

Introducción.
No es tan fácil ser varón

Ser hombre, al menos en los términos que demanda la cultura, no es tan fácil. Esta afirmación, descarada para las feministas y desconcertante para los machistas, refleja una realidad encubierta a la que deben enfrentarse día a día miles de varones para cumplir el papel de una masculinidad tonta, bastante superficial y potencialmente suicida.

Pese a que la mayoría de los hombres aún permanecen fieles a los patrones tradicionales del "macho" que les fueron inculcados en la niñez, existe un movimiento de liberación masculina cada vez más numeroso, que rehúsa ser víctima de una sociedad evidentemente contradictoria frente a su desempeño. Mientras un grupo considerable de mujeres pide a gritos mayor compasión, afecto y ternura de sus parejas masculinas, otras huyen aterradas ante un hombre "demasiado suave". Los padres hombres suelen exigir a sus hijos varones una dureza inquebrantable, y las maestras de escuela un refinamiento inglés. El marketing de la supervivencia cotidiana propone una competencia dura y una lucha fratricida, mientras que la familia espera el regreso a casa de un padre y un marido sonriente, alegre y pacífico. De un lado el poder, el éxito y el dinero como estandartes de autorrealización masculina, y del otro la virtud religiosa de la sencillez y la humildad franciscana como indicadores de crecimiento espiritual.

Una jovencita de diecinueve años describía a su hombre ideal así: "Me gustaría que fuera seguro de sí mismo, pero que también saque su lado débil de vez en cuando; tierno y cariñoso, pero no empalagoso; exitoso, pero no obsesivo; que se haga cargo de una, pero que no sea absorbente; intelectual, pero que también sea hábil con las manos". Cuando terminó su larga descripción le contesté que un hombre así sería un interesante caso de personalidad múltiple.

No es tan sencillo ser, al mismo tiempo, fuerte y frágil, seguro y dependiente, rudo y tierno, ambicioso y desprendido, eficiente y tranquilo, agresivo y respetuoso, trabajador y casero. El desear alcanzar estos puntos medios, que entre otras cosas aún nadie ha podido definir claramente, creó en la mayoría de los hombres un sentimiento de frustración permanente: no damos en el clavo. Esta información contradictoria lleva al varón, desde la misma infancia, a ser un equilibrista de las expectativas sociales y personales: a intentar quedar bien con Dios y con el diablo.

No me refiero a los típicos machistas, sino a esos hombres que aman a sus esposas y a sus hijos de manera honesta y respetuosa, pero que no han podido desarrollar su potencial humano masculino por miedo o simple ignorancia. Hablo del varón que teme llorar para que no lo tachen de homosexual, del que sufre por no conseguir el sustento, del que no es capaz de desfallecer porque "los hombres no se dan por vencidos", del que ha perdido la posibilidad de abrazar y besar tranquilamente a sus hijos. Estoy mencionando al hombre que se autoexige exageradamente, que ha perdido el derecho a la intimidad y que debe mostrarse inteligente y poderoso para ser respetado y amado. En fin, estoy aludiendo al varón que se debate permanentemente entre los polos de una difusa y contradictoria identificación, tratando de satisfacer las demandas irracionales de una sociedad que él mismo ha diseñado y que, aunque se diga lo contrario, aún no parece estar preparada para ver sufrir realmente a un hombre de "pelo en pecho".

Muchos hombres reclaman el derecho a ser débiles, sensibles, miedosos e inútiles, sin que por tal razón se les cuestione. El derecho a poder hablar sobre lo que sienten y piensan, no desde la soberbia sino desde la más profunda sinceridad.

Afirmar que el hombre sufre no significa desconocer los problemas del sexo femenino. Las mujeres se han preocupado por su emancipación desde hace tiempo y han expresado su sentir por todos los medios disponibles a su alcance: un ejemplo a seguir por los hombres. Además, no creo que la liberación masculina deba establecerse sobre la base de la incriminación, la condena y la subestimación del sexo opuesto, tal como lo hicieran los pensadores de finales del siglo XIX, como Schopenhauer, Nietzsche y Freud; ni tampoco a partir de una autodestructiva culpa milenaria por todos los desastres de la raza humana, como lo han querido sugerir algunos varones arrepentidos de su propio género. Asumir la responsabilidad absoluta del deterioro del planeta y de la humanidad es una expiación innecesaria, además de injusta.

Si consideramos las aparentes prebendas con las que cuenta el sexo masculino, algunas mujeres se asombran de que ciertos varones mostremos insatisfacción con el papel que nos toca desempeñar: "¿Liberarse de qué?", "¿Más liberación?", "¿No les parece que nos han hecho ya bastante daño apropiándose de todo cuanto hay?". Basta hacer referencia a la insatisfacción masculina, para que algunas voces femeninas se alcen: "¿Y acaso nosotras no sufrimos?". Nadie lo niega.

Una mujer que conocí no hace mucho era incapaz de sostener una conversación con un hombre sin esgrimir alguna consigna antimasculina. Cuando pude expresarle mis opiniones frente a los problemas de la vida diaria que debemos enfrentar los varones, me responsabilizó de las paupérrimas condiciones laborales a las cuales eran sometidas las mujeres durante la revolución industrial. Cuando le repliqué que yo todavía no había nacido en aquella época, se levantó furiosa y se fue, sin antes increparme por la explotación que el señor feudal ejercía sobre las "siervas" de la gleba (obviamente, no sobre los siervos).

Si bien este caso podría considerarse a simple vista como una caricatura del feminismo (causa que respeto y apoyo), no es ficción y suele ser más bien la manifestación del llamado "hembrismo" o, si se quiere, una distorsión de lo que representan los movimientos de liberación femenina; diría yo, una generalización cognitiva que a la postre se convierte en un sexismo reverso, es decir, un estereotipo sobre la masculinidad tan tóxico para las relaciones hombre-mujer como lo es el machismo.

¿Por qué se subestima el sufrimiento masculino? ¿De dónde viene esa extraña mezcla de asombro e incredulidad cuando un varón se queja de su papel social? Se da por sentado que las supuestas ventajas de las que goza el hombre son incuestionables y, por lo tanto, cualquier queja al respecto debería ser considerada como una prueba más del afán acaparador y de la ambición desmedida que lo ha caracterizado. "¿Cómo es posible que quieran más?" La respuesta es sencilla: *queremos menos.* Desde la perspectiva de la nueva masculinidad, las pretendidas reivindicaciones y ganancias del poder masculino patriarcal son un verdadero problema para el hombre y para quienes lo rodean. En palabras de Michael Kaufman: "La combinación de poder y dolor es la historia secreta de la vida de los hombres contemporáneos".

El nuevo varón quiere estar acorde con un despertar espiritual del cual se ha rezagado considerablemente, desea menos productividad laboral, más acercamiento con sus hijos y más derecho al ocio. Ya no quiere estar aferrado a los viejos valores verticalistas que fundamentaron la sociedad patriarcal. El nuevo varón está cansado de ostentar un reinado absurdo y esclavizante. Al nuevo varón no lo inquietan los míticos ideales de éxito, poder, fuerza, autocontrol, eficiencia, competitividad, insensibilidad y agresión. Regalamos el botín y deponemos las armas: no nos interesan.

Muchos hombres desean volver a las fuentes originales de lo esencialmente masculino, que no se alimenta de la explotación y la imposición, sino de una profunda humanidad compartida. *La liberación masculina no es una lucha para obtener el poder de los medios de producción, sino para desprenderse de ellos.* La verdadera revolución del varón, más que política, es psicológica y afectiva. Es la conquista de la libertad interior y el desprendimiento de las antiguas señales ficticias de seguridad: necesitar mucho menos, tal como sostenía el maestro Eckhart. Y los hombres debemos reconocerlo: hemos necesitado demasiadas cosas inútiles para sobrevivir.

La nueva masculinidad que propongo no quiere quedar atrapada en la herencia salvaje y simiesca que tanto aplaude y festeja la cultura. Tampoco desea reprimir o negar la propia biología, sino superarla, transformarla e integrarla a un crecimiento más trascendente. El estereotipo tradicional del varón lo ha mantenido atado al patrón biológico, fomentando y exagerando, directa o soterradamente, un sinnúmero de atributos primitivos que ya han perdido toda funcionalidad adaptativa. En la moderna jungla de asfalto, “valores” como la fuerza física, la valentía y la agresión física, sólo por citar algunos, ya no definen al más apto. En este sentido, pienso que las mujeres han logrado independizarse mucho más que nosotros de los viejos arquetipos. Insisto: la idea no es suprimir nuestras raíces ni reprimir las expresiones naturales que surgen de las mismas, sino cortar aquellos lastres disfuncionales que nos impiden avanzar hacia una nueva existencia integrada a lo femenino. Es imprescindible desbloquear el estancamiento evolutivo en el que nos encontramos. Ni la cruel genética determinista ni el ingenuo ambientalismo relativista: independencia y evolución. Dos claves, dos premisas, dos banderas: ser más que tener, como afirmaba Erich Fromm.

Por último, vale la pena señalar que, aunque a lo largo de la historia se han hecho varias revisiones al papel del hombre, el cuestionamiento actual del varón parece insinuarse de una manera más profunda que en las anteriores. A diferencia de la crisis masculina de los siglos XVII y XVIII en Francia e Inglaterra, donde solamente los hombres de las clases dominantes asumieron un papel más femenino y pacifista en oposición a la brutalidad masculina previa, el trance actual parece ser más generalizado y radical.

El posmodernismo, la globalización y las megatendencias, tal como afirma el politólogo Peter Drucker, han generado una metamorfosis generalizada en el hombre actual, en sus necesidades y en la forma de afrontar el mundo que habita.

Un nuevo hombre está naciendo; algo se está transformando en el varón. Ese extraño presagio masculino, que se hace sentir fuertemente en las nuevas generaciones de adolescentes varones, lleva implícito un singular mensaje de amor y solidaridad que debemos aprender a descifrar. El presente libro pretende ser una contribución a este objetivo.

PARTE I

¿CUÁL SEXO FUERTE?

Algunas consideraciones sobre la supuesta fortaleza del varón y su natural debilidad humana

Los hombres no somos, definitivamente, tan fuertes como la cultura ha querido mostrar. Más aún, en muchas situaciones donde sería propicio manifestar tal fortaleza masculina, ésta brilla por su ausencia. Independientemente de las causas del estereotipo social que estigmatiza a un varón recio e inmune al dolor, es indudable que los propios hombres, tal vez en respuesta a las deficiencias de un ego que necesita ser constantemente admirado, hayamos mantenido y promocionado esta imagen alterada de la masculinidad que, además de no ser honesta, nos ha traído más desventajas que ventajas. De hecho, muchos varones están hartos de hacer el papel de un superhombre inerte ante el sufrimiento y totalmente autosuficiente. Si la mayoría de los hombres siente miedo, no soporta la soledad, le agobia la idea del fracaso y no muestra el mínimo indicio de hacer abdominales, ¿de cuál sexo fuerte estamos hablando?

El paradigma de la fortaleza masculina

La fuerza física fue muy importante en los niveles preestatales de la civilización. El poder muscular permitía asegurar la vida en dos sentidos fundamentales. Por un lado, hacer la guerra requería hombres fornidos que pudieran cargar armas y enfrentar la contienda corporal. Por el otro, si por cualquier razón el hábitat se volvía hostil y difícil, el músculo comenzaba a ser determinante para la supervivencia. Cuando las dos condiciones mencionadas ocurrían, los hijos hombres se privilegiaban sobre las hijas mediante prácticas tan espantosas como el infanticidio femenino y otras barbaridades demográficas. Los hombres fuertes fueron necesarios y posiblemente, por tal razón, acceder a esta categoría implicaba un esfuerzo especial.

Los ritos de iniciación masculina que realzan la fortaleza han existido en casi todas las culturas y en todos los tiempos. Desde la severa formación espartana de los griegos y los caballeros de la Edad Media, hasta el traumático servicio militar, todos, sin excepción, parecen compartir el mismo principio: *para hacerse hombre y ser reconocido como tal, es necesario sufrir.*

Incluso en la actualidad, muchos grupos tribales y aldeanos someten a sus jóvenes varones a pruebas extraordinarias de fuerza y entrenamiento para resistir el dolor y el miedo, exponiéndolos a elementos nocivos, mutilaciones físicas y enfrentamientos con terribles alucinaciones provocadas por drogas. Curiosamente, aunque también existen rituales femeninos de pubertad, además de ser muchísimo más cortos, no están orientados a producir dolor sino aislamiento y tedio. En el hombre, la fuerza; en la mujer, la paciencia.

Pese a que el poder masculino ha sido trasladado del garrote del troglodita al maletín del ejecutivo, la fuerza física aún es un requisito importante de masculinidad para algunos hombres y mujeres. Esta creencia puede generar en los jóvenes varones un trastorno opuesto a la anorexia femenina, pero igualmente grave: el síndrome de Adonis (vigorexia). Muchos adolescentes hombres muestran serios problemas de autoestima y autoimagen porque se perciben a sí mismos como enclenques, demasiado flacos o alejados del patrón "fornido" arcaico: "Me gustaría tener más espalda", "Quisiera ser más grueso", "Mis brazos son raquíticos", y así. Sentirse alfeñique es una de las torturas más grandes por las que puede pasar un muchacho. El silogismo es claro, aunque falso: "Un verdadero hombre debe ser fuerte, la fortaleza está en los músculos. Yo no tengo suficiente desarrollo físico, por lo tanto soy poco hombre y poco atractivo". Una trampa aristotélica mortal que los puede llevar a incrementar obsesivamente sus proporciones, de cualquier manera y a cualquier costo, anabólicos incluidos. En época de sol y playa, la discriminación es clara: las mujeres ocultan su celulitis envolviéndose en una toalla, y los hombres esconden su escasa caja torácica debajo de una holgada camiseta que no se quitan por nada del mundo.

No estoy diciendo que la educación física deba abolirse; indudablemente, el cuidado del cuerpo es importante, además de saludable, pero una cosa es conservarlo y cuidarlo sanamente, y otra muy distinta hacer que la autoaceptación dependa en forma exclusiva de las medidas corporales. La fortaleza física no es una cualidad intrínseca y determinante de la masculinidad, ni mucho menos. Si el varón reduce su hombría a los músculos, reemplazará el pensamiento por el sudor, y eso sí que es grave.

Pero el problema de la fuerza no termina ahí. La supuesta reciedumbre masculina también implica valentía, dominación y seguridad en cantidades industriales. Un paquete de exigencias muy difícil de obtener. La gran proporción de varones que todavía aspiran a esta quimera es producto de un condicionamiento valorativo, claramente autodestructivo y deshumanizante.

¿En realidad necesitamos ser física y psicológicamente tan poderosos como queremos mostrar? ¿Para qué esforzarnos las veinticuatro horas por parecer duros, si de todas maneras nos van a descubrir cuando nos conozcan mejor? ¿A quién queremos engañar con semejante pantomima? Muchas mujeres recién casadas, que han tenido noviazgos cortos y no han podido conocer bien a sus cónyuges, se quejan de que su marido ha cambiado demasiado desde el matrimonio y ya no parece ser el mismo. Una de mis pacientes relataba así la mutación de su flamante marido: "Es otra persona... La seguridad en sí mismo, la iniciativa y la gran capacidad para resolver problemas de manera diligente, que tanto me habían impactado, desaparecieron de la noche a la mañana... Me acosté con un hombre y amanecí con otro". En realidad, muchos hombres inseguros se mienten a sí mismos y a los demás, mostrando un patrón de fortaleza inexistente, a la espera de ser aceptados. No es un juego de seducción, sino un mecanismo supremamente peligroso y dañino para compensar una autoestima endeble.

Si bien es cierto que un remanente de mujeres aún se inclina ante unos buenos bíceps (basta con asistir a cualquier película donde Antonio Banderas o Tom Cruise se quitan la camisa para confirmarlo), y admira a un hombre que enfrente el peligro sin pestañear, debemos reconocer que otra parte de la demanda femenina ha dejado de exigir este prehistórico requisito. El problema parecería surgir cuando la mujer de nuestros sueños está, abierta o soterradamente, en el grupo "pro Arnold Schwarzenegger".

Una anécdota apoya lo anterior. En algunos lugares de diversión de Latinoamérica todavía se ofrece un servicio muy especial para clientes avezados. Además del vendedor de rosas y el guitarrista, existen unos sombríos personajes que ponen en jaque el orgullo masculino. El sujeto se acerca con una cajita de la cual asoman una manivela y dos cables con dos electrodos gruesos en cada punta. La consigna es definitivamente insinuante y difícil de ignorar para cualquier varón que se aprecie de serlo: "Pruebe a ver qué tan hombre es... Pruebe la fuerza... Sólo unos cuantos pesos". El reto resulta ineludible, no sólo para exhibirse ante la amiga de turno sino, además y muy secretamente, para reafirmar esa añeja reminiscencia de supremacía masculina que, lo queramos o no, todavía se niega a desaparecer. El *show* comienza cuando se contrata el servicio de choques eléctricos. El osado varón se agarra de ambos trozos de metal y el "verdugo", con cierta cara de satisfacción ladina, da vuelta a la manivela para ver cuánta intensidad puede soportar la víctima. Si soporta bastante, los vecinos de mesa le invitan un trago y le dan algunos aplausos acompañados de efusivas felicitaciones, pero si el "lado flaco" traiciona al sujeto y suelta los electrodos demasiado rápido, o asoma algún indicio de dolor, es abucheado y su reputación de macho se ve seriamente afectada.

Recuerdo que uno de mis amigos, profesor de literatura y filosofía, quizás influido por algunos aguardientes de más, decidió aventurarse a medir su resistencia al dolor. Creo que debió ser el récord de menor tiempo en toda la historia. Duró tan poco que el vendedor de choques, quien no perdonaba una, decidió no cobrarle. Ni burlas hubo. Sólo silencio y algunas miradas de pesar. Su novia, una estudiante de antropología defensora de la igualdad entre sexos y aparentemente superada de todo vestigio machista, no pudo ocultar su desconcierto e incomodidad: "¡¿Qué te pasó?!", murmuró en voz baja. Él, frotándose y soplándose los dedos, se limitó a contestar sinceramente: "¡Es horrible! ¡Me quemó!". Ella, al darse cuenta de su exabrupto antifeminista, trató de enmendar la metida de pata y lo abrazó con ternura: "No importa, mi amor... *De todas maneras*, yo te quiero *igual*".

Es evidente que aunque la cosa esté cambiando, la debilidad masculina no se digiere con facilidad. En particular frente al tema del dolor, pienso que la mujer sale mejor librada que el hombre. Si los hombres tuviéramos que parir, el planeta estaría despoblado.

La propuesta de la nueva masculinidad no exige tanto. Un hombre débil puede ser tan varonil como femenina una mujer fuerte. Para ser varones no tenemos que colgarnos de los pulgares, ni rompernos la espalda levantando pesas, ni soportar estoicamente las angustias y asumir el papel de un decadente Rambo, un imperturbable Hombre Marlboro o un atlético e insípido Sansón. Basta con que dejemos traslucir lo que de verdad somos. Tenemos el derecho a que la natural fragilidad que anida en cada uno de nosotros haga su aparición, y a no sentir vergüenza por ello. Al que no le guste, que no mire.

La desmitificación del héroe

Tal como afirma Joseph Campbell en *El héroe de las mil caras*, la aventura del hombre como héroe aparece una y otra vez en leyendas, tradiciones y rituales de todos los pueblos del mundo: en los mitos polinesios y griegos, en las leyendas africanas, en los cuentos de hadas célticos y en la mayoría de los simbolismos religiosos. Siempre, de una u otra manera, el peso de la figura heroica está presente en la cultura y en la pedagogía que de ella se desprende. Aunque muchos padres hagan lo posible por no seguir la tradición, la aspiración a ser un paladín se cuela, evidente o subrepticiamente, en las formas más modernas de entretenimiento infantil y adulto. Las legiones de superhéroes, escritas y filmadas, invaden el mercado creando valores que recuerdan las épicas más famosas, obviamente más modernas y domésticas. Cuando un niño juega con la espada o el rayo láser, cuando manipula algún robot de control remoto o imita a Peter Pan, está representando el oficio del héroe: *el camino y la fórmula para ir a enfrentarse con fuerzas fabulosas y regresar triunfante*. No importa si se trata de dragones, cancerberos, monstruos de mil cabezas o de la segunda guerra mundial, el cuento es el mismo. Desde Prometeo, Jasón, Eneas, Hércules, Moisés y Ulises, hasta Robin Hood, el Llanero Solitario, Superman y Robocop, la morfología de las grandes gestas contiene riesgo, espíritu de aventura, autodeterminación, valentía sin límites, habilidades deslumbrantes y, claro está, desprendimiento de la propia vida.

No es fácil para un niño renunciar a ser un adalid, si la esperanza de la familia y la humanidad, tal como muestra la antropología del mito, añora y repite sistemáticamente la misma historia secular de proezas. Analizado desde un punto de vista más complejo, quizá sea la propia estructura inconsciente masculina la que posea implícita la sentencia de buscar satisfacer los sueños de grandeza de una sociedad perturbada, que pretende redimirse a sí misma. Parecería que los héroes hacen falta.

No obstante, para muchos hombres, dentro de los que me incluyo, el antihéroe es nuestro preferido (por ejemplo, Homero Simpson). Las ventajas saltan a la vista: el antihéroe no debe iniciar ninguna *partida* (no hay gestas en tierras lejanas), no hay *pruebas* que pasar (no se necesitan victorias o iniciaciones) y no hay *retorno* triunfante (no hay nada conquistado). El antihéroe rompe el mito y destroza la propia y asfixiante demanda fantástica de la tradición patriarcal. El antihéroe no quiere doncellas ni corceles ni rescatar a nadie; tampoco añora el peligro para ponerse a prueba, ya que no hay nada que probar; se niega a la demencia brutal del típico combatiente, y no ve a la mujer como una tentación que debe evitar para llevar a feliz término su gesta ególatra. El antihéroe no quiere ser santo, redentor, emperador ni dueño de ningún reino.

El varón convencional gasta gran parte de su energía en parecerse al modelo heroico que la cultura le ha inculcado. No importa si se trata de José de San Martín, Simón Bolívar, Donald Trump o Bill Gates, la fantasía está ahí, tal como lo exponen William Betcher y William Pollack en su libro *La caída de los héroes*. Como una espina clavada en su alter ego, el hombre transita por el mundo buscando alguna proeza que dé un motivo a su vida. Si pudiéramos medir el tiempo que muchos varones invierten en este tipo de desvaríos, sin lugar a dudas quedaríamos sorprendidos.

Nos guste o no, detrás de toda empresa masculina, ya sea económica, deportiva o intelectual, hay un sentido épico que busca concretarse. ¡Qué agotadora tarea esta, la de buscar hazañas y batir el récord Guinness!

En franca oposición a este estilo legendario, la liberación masculina pretende soltar la mente de tanto complejo de superioridad y dejar salir al antihéroe personal, ese que gallarda y mansamente reposa en cada uno de nosotros. Ese que escapa, tropieza, cae, se levanta, insiste, vuelve a caer y arranca. El que vive y persiste, aunque muchas veces no sabe qué hacer. Me refiero sencilla y llanamente al varón normal, despojado de todo atributo sobrenatural y sin más carga que su propia identidad.

Tres debilidades psicológicas masculinas

Aunque las fragilidades psicológicas masculinas podrían llenar varios tomos de una enciclopedia (ellas irán apareciendo a lo largo del presente texto), aquí sólo señalaré tres miedos básicos, por lo general encubiertos por el ego, comunes a casi todas las culturas, altamente dañinos y mortificantes para aquellos varones que aún se empecinan en ser duros, intrépidos y osados. Éstos son: 1) el miedo al miedo, 2) el miedo a estar afectivamente solo y 3) el miedo al fracaso. Veamos cada uno en detalle.

1. El miedo al miedo

Un hombre temeroso no es aceptado en ninguna parte. Es posible que algunas mujeres de fuerte instinto maternal se sientan momentáneamente enternecidas, o que algunos varones voluntarios de la Cruz Roja Internacional se apiaden, pero un ancestral y muy visceral rechazo hace su aparición. Como si no hiciera honor a su especie o pusiera en peligro la subsistencia de la misma, el varón cobarde suele ser segregado y seriamente cuestionado, no sólo por las mujeres, sino también y principalmente por los hombres.

Hace unos años, después de haberme separado, fui a vivir a un nuevo departamento. Recuerdo que el portero encargado, un hombre de unos sesenta años, tal vez por mi condición de "solo", se mostraba especialmente amable y colaborador. Siempre interpreté su actitud servicial como una forma de solidaridad y complicidad de género. Cuando yo llegaba con una amiga, me abría la puerta del garaje con un guiño que llevaba implícito un tono de anuencia con licencia para delinquir. Como si dijera: "Bendito seas entre los varones de este condominio... Ya que yo no puedo, hazlo por mí". Al otro día, si yo salía a correr por la mañana, me saludaba con una sonrisa, una palmadita en la espalda y un comentario agradable sobre el clima y la salud: "¿Muy cansado el doctor?". Aunque mis reuniones con el sexo opuesto no superaban la media estadística de cualquier "soltero normal", mi amigo el portero comenzó a verme como una especie de ejemplo masculino: "El maestro". Vivía pendiente de mi correspondencia y de mi coche, en fin, una especie de mayordomo inglés, con toque latino y comunitario.

Todo iba bien hasta que un día, a eso de las once de la noche, me despertó el roce de un objeto tibio, áspero y algo gelatinoso sobre mi rostro. Al tratar de moverme, el tal objeto comenzó a revolotear sobre mi cabeza con un estruendo de alas y en círculos, como si se tratara de una flotilla de helicópteros. Cuando encendí la luz, descubrí que mi pesadilla se había hecho realidad: ¡en mi habitación había un murciélago!, que por su tamaño debió haber sido pariente directo de Batman. El miedo a las mariposas negras, a las asquerosas cucarachas y a los atrevidos murciélagos es uno de los legados genéticos de la familia de mi madre, que he tenido que aceptar e intentar vencer sin demasiado éxito; pero un murciélago en mi dormitorio era demasiado. Luego de una especie de guerra campal durante media hora, en la cual yo intentaba infructuosamente que el animal saliera por el balcón (pienso que él intentaba que yo también hiciera lo mismo), decidí recurrir a mi amigo el conserje. En realidad, en esos angustiosos momentos de taquicardia, piloerección y sudor frío, más que conserje era un ángel de la guarda. Cuando lo desperté y le conté atropelladamente mi drama, su preocupación inicial se fue convirtiendo en desconcierto y luego en curiosidad: no sabía si era en serio o en broma. Subió al departamento y con la agilidad de un cazador, escoba en mano, mató al animal, lo tomó del ala y lo escudriñó como tratando de entender el origen de mi miedo. Por último, me lo mostró, mientras decía lacónicamente: "¿Qué quiere que haga con él?". Sólo atiné a contestarle que lo tirara lo más lejos posible, lo abracé y le di efusivamente las gracias. Sin embargo, al despedirlo pude percibir en su rostro un gesto apocado y una mirada de profunda decepción mal disimulada.

Al cabo de unos días, el desencanto inicial de aquella noche se había transformado en indiferencia. Había enterrado toda admiración: después de todo, nadie perdona a un ídolo derrumbado. Detrás de esa aparente fachada de varón conquistador, que él mismo había fabricado de mí, se escondía un cobarde incapaz de matar a un mísero murciélago. Me había convertido en un fraude, en un deshonor para la raza masculina. Aunque no me dejó de saludar, se acabaron los detalles especiales, las ayudas, los guiños y las palmaditas mañaneras. Ya no importaba cuántas amigas siguieran desfilando por mi vida: sólo quedó un seco "Buen día" o "Buenas noches", limpio de toda gracia y ajeno a cualquier simpatía.

Esta depreciación del macho miedoso no es exclusiva de los humanos. En un estudio realizado con unos bellos y pequeños peces de acuarios llamados guppys de Trinidad, publicado por *Scientific American*, los investigadores indagaron qué impacto tenían en las hembras las maniobras de dos tipos de pececitos machos (osados y prudentes) frente a un grupo de depredadores de mayor tamaño. Los datos sorprendieron a los científicos. Los peces que más fanfarroneaban y arriesgaban su vida inútilmente eran mucho más deseados por las hembras que los que se mantenían alejados del depredador y no hacían alarde de su valentía. Las hembras preferían pasar más tiempo y entregar sus encantos a los machos que vivían peligrosamente, en lugar de estar con los cuidadosos y responsables. La lógica marcaba que los pececitos más sensatos y precavidos deberían haber sido los más buscados para el acoplamiento, ya que eran los que ofrecían más probabilidad de sobrevivir y, por lo tanto, de asegurar la supervivencia de la especie. Pero las hembras preferían, de todas maneras, a los machos audaces y temerarios. Como si concluyeran: "Si pese a todo éstos sobreviven, deben ser mejores exponentes para la especie". Un dato importante para agregar es que los astutos peces machos solamente mostraban su osadía cuando las hembras estaban presentes. El Príncipe Valiente versión acuática.

Es evidente que existe un supervalor, en sus orígenes biológico y ahora cultural, que presiona despiadadamente al varón hacia la valentía. Ser cobarde es el peor de los insultos, motivo de reprimenda y hasta de fusilamiento en épocas de guerra. Si un hombre saltara sobre una mesa, pálido, tembloroso y gritando ante la presencia de un diminuto ratón que corre a su alrededor, creo que además de la novia, perdería hasta el apellido. Conozco un caso donde el matrimonio se suspendió por un incidente similar a éste: "¿Qué puedo esperar de un hombre incapaz de controlar sus miedos?", manifestaba indignada la candidata a casarse. Si el de la mesa fuera una mujer, su comportamiento se juzgaría mucho más benévolamente, y se le darían algunos consejos sanos sobre cómo afrontar al diminuto e insignificante roedor, pero no se atacaría su autoestima. Ni qué hablar del desmayo masculino: como mínimo, la extradición.

Recuerdo el suceso tragicómico de un amigo psicólogo, excelente profesional y con una marcada fobia a los pájaros, quien cuando estaba en plena consulta profesional con una remilgada dama vio entrar por la ventana un enorme pájaro negro que se le posó en el hombro. Al encontrarse cara a cara con el animal, salió corriendo, gritando y manoteando para alejar a la inoportuna ave. Más tarde, cuando otra psicóloga compañera de trabajo logró retirar el pájaro y él se animó a entrar de nuevo en el consultorio, la paciente se había retirado haciendo *mutis*. Nunca volvió. Cuando la secretaria la llamó para organizar otra cita, ella manifestó su incomodidad: "Puede ser que el doctor sea muy bueno, pero yo soy algo conservadora en las diferencias hombre-mujer... Me cuesta mucho confiar en un hombre cobarde... Mejor no renovemos las sesiones".

¿Quién dijo que el hombre no puede tener miedo? De hecho, hagamos lo que hagamos, ya sea que recurramos al antiguo chamanismo o a la moderna ingeniería genética, el miedo es la respuesta natural e inevitable ante situaciones de peligro. Es la manera como la evolución nos equipó para defendernos de los depredadores, y aunque a los machistas no les guste, parece que va seguir acompañándonos por algunos siglos más. No estoy promulgando el miedo como una virtud a exaltar, sino como una característica irremediable con la cual hay que aprender a vivir. Puede que sea exagerado, irracional y patológico en algunos casos, pero definitivamente es imposible de eliminar de cuajo y para siempre (a excepción, claro está, de algunos tipos de psicopatía, como Boogie el Aceitoso y Harry el Sucio).

2. El miedo a estar afectivamente solo

Existe un déficit psicológico masculino que suele hacerse manifiesto cuando el hombre se ve obligado a estar solo. Este síndrome de soledad regresiva aparece en situaciones de estrés o en acontecimientos vitales que impliquen pérdida afectiva como la separación, el rompimiento de un noviazgo o la viudez. La privación afectiva en la vida de un varón tradicional es devastadora y responsable directa de todo tipo de miedos e inseguridades.

La adhesión que los hombres establecemos con las fuentes de seguridad afectiva merece ser investigada más a fondo por la ciencia psicológica. Además del imprescindible sexo que nos puedan proporcionar nuestras compañeras, necesitamos apoyo, ternura, ánimo y reforzamiento en cantidades considerables. Aunque queramos disimular la cosa y mostrar un desapego cercano a la iluminación, sin el soporte afectivo femenino no sabemos vivir. Muchos superhombres exitosos, líderes económicos y políticos, en lo más reservado de su ser necesitan del consejo y el empujón de la mujer para seguir adelante. Trátese de un golpe de Estado o de la más riesgosa inversión bursátil, la oportuna sugerencia femenina deja su marca.

Un caso particularmente interesante lo constituye el fenómeno de los hombres que visitan asiduamente los prostíbulos. Al contrario de lo que generalmente se piensa, muchos de estos visitantes a los burdeles, además de sexo, también suelen buscar afecto y compañía. La prostituta, cuando se considera verdaderamente profesional, no sólo tiene relaciones sexuales con su cliente, sino que literalmente lo ama, lo cuida y lo consiente mientras dure el trato. El hombre solitario, tímido, con pocas habilidades sociales de conquista, acomplejado, el que se siente feo, gordo, flaco o poca cosa, en las casas de citas puede hallar un lugar de aceptación "incondicional" proporcional al pago. Al no existir rituales de conquista ni cortejo alguno, el riesgo al rechazo, aunque artificial y comprado, se elimina. No existe el odioso "no", con el que tanto tenemos que lidiar los hombres, no hay nada que disimular, nada que aparentar o mostrar. Muchísimos grandes pensadores, filósofos y escritores encontraron en esas sórdidas casas de lenocinio su mayor fuente de inspiración y una manera de esconder su soledad afectiva. Cioran decía al respecto: "La atmósfera de burdel que yo viví resulta inconcebible para los occidentales. Debo decir que todas aquellas mujeres eran húngaras, y no puede imaginarse mezcla más lograda de sensualidad e instinto maternal. En el Este, el burdel era el único lugar donde podía encontrar algún calor humano".

No estoy apoyando el comercio sexual, pero debo reconocer que muchas de estas casas de tolerancia han colaborado, sin quererlo, como centros de intervención en crisis de un sinnúmero de hombres deprimidos y potencialmente suicidas. Más allá de cualquier connotación moral, no es difícil de comprender el encanto que estos lugares de relax puedan ejercer. Incluso, algunos escritores de la talla de Charles Baudelaire, en "Las quejas de Ícaro", han llegado a cuestionar las supuestas ventajas del amor romántico sobre el pecaminoso amor carnal:

> Los amantes de las putas
> son felices en su hartazgo.
> Yo, de estrechar a las nubes,
> tengo los brazos quebrados.

Pese a que muchos hombres viven solos y parecen adaptarse adecuadamente a ese rol, el proceso psicológico que debe elaborar el varón para llegar a aceptar su soledad afectiva es muy complejo, e indudablemente más difícil de procesar que el de la soledad femenina. Las estadísticas muestran que el hombre separado no es capaz de disfrutar de su soltería por mucho tiempo. Un sentimiento de ansiedad lo empuja a buscar rápidamente nueva compañera.

Aunque la incapacidad para divorciarse se debe a muchas causas (por ejemplo: culpa, sentido de la responsabilidad, amor por los hijos, problemas económicos), realmente la mayoría de los hombres son cómodos y la separación, por definición, incomoda. El varón no suele saltar al vacío porque perdería sus principales fuentes de afecto, seguridad, placer y conveniencia. Por tal razón, muchos hombres funcionan con el principio de Tarzán: *no soltarse de una liana hasta que no se tenga la otra bien agarrada.*

Cuando un hombre se va de la casa, casi siempre tiene algo seguro a que aferrarse, aunque a veces puedan ocurrir "atascamientos afectivos". Algunos "tarzanes" quedan colgados de dos lianas, inmóviles y quietos, atrapados entre dos situaciones. La primera se relaciona con el bienestar hogareño y la estabilidad maternal; la segunda tiene que ver con un vendaval de emociones, el deseo y la locura incontrolable que le recuerda su virilidad y que puede rehacer su vida. Por lo general, la que dirime el conflicto es la esposa o compañera habitual del implicado. Veamos un ejemplo:

A. R., paciente de treinta años, casado desde hacía cinco y con dos pequeños hijos, proporcionaba la siguiente descripción de su mujer: "Es bastante fea... Es mandona y ejerce sobre mí un poder impresionante... Es ocho años mayor que yo y la diferencia se nota mucho... Debo reconocer que me da seguridad y sabe tranquilizarme cuando estoy nervioso... En realidad, vivo estresado... No permito que se me acerque mucho o que me toque... No sé, me incomoda sentir su piel... Ella es buena mujer y me quiere... Pero no estamos sintonizados en los gustos... Vivo aburrido... No sé qué hacer".

A. R. había decidido pedir ayuda profesional porque se sentía atrapado en un dilema. Desde hacía un año y medio mantenía relaciones extramatrimoniales con una joven de veintitrés años, soltera y dispuesta, de la cual decía: "Me encanta... Es fresca y sexy... Su olor me fascina, es amable y comprensiva... Cuando estoy con ella, me siento un verdadero hombre porque me hago cargo de las situaciones... He llegado a tener hasta cinco orgasmos seguidos... Me gusta cómo se viste y su risa... Sus dientes son blancos y parejos... Es muy cariñosa... Es como mi alma gemela". Cuando le pregunté por qué se había casado y había tenido hijos, no pudo darme una respuesta clara: "No sé... Creo que ella me convenció... Me dijo que si no nos casábamos se alejaría de mi vida... Lo hice como por obligación... Quería tener una familia, pero me equivoqué de mujer".

Pese a toda la evidencia a favor, no era capaz de separarse. Sentía una mortífera mezcla de culpa y miedo que lo estaba minando, y aunque el sentimiento de irresponsabilidad era angustiante, lo era mucho más el miedo a equivocarse y quedarse sin sus acostumbradas claves de seguridad.

Pasamos varias semanas hablando sobre la posibilidad de la separación, hasta que un buen día, como era previsible, el romance secreto fue descubierto. Su mujer reaccionó como lo hacen las esposas valientes e independientes. Le mandó un escueto mensaje: "Te puse la ropa en la puerta, puedes venir por ella cuando quieras". Contra todo pronóstico, A. R. rogó, lloró y suplicó que lo volvieran a recibir, pero nada conmovió a la ofendida señora. Hoy, después de cuatro meses, vive solo en un pequeño departamento y todavía no sabe qué hacer. Aunque su calidad como padre ha mejorado y no siente tanto la ausencia de sus hijos, ya que los ve más que antes, sigue saliendo con su "alma gemela" y, en ocasiones, bajo los efectos del alcohol, golpea infructuosamente las puertas de su exmujer para que lo vuelva a recibir. El dilema sigue vivo: la amante *vs.* la madre adoptiva... Difícil elección.

En 85% de los casos de separación tratados por mí durante más de veinticinco años de ejercicio profesional, la voz cantante la ha llevado la mujer. Lo mismo ocurre en los países ricos: 90% de los divorcios es solicitado por mujeres, tal como afirma Esther Vilar. Si la solvencia económica se lo permite, ellas son, definitivamente, más decididas y valientes que nosotros. Para la mujer, el desamor puede llegar a justificar cualquier adiós. He visto relaciones absolutamente machistas y despóticas eliminarse en un segundo cuando la mujer, tranquila y amablemente, le dice al hombre que ya no lo quiere y que desea separarse: "Creo que viviría mejor sola con mis hijos", "Quiero ser libre", "Me cansé de dar", "Quiero encontrarme a mí misma". Como el personaje de la película *Alice*, protagonizada por Mia Farrow, muchas señoras simplemente se cansan del papel de la esposa convencional e inician una revolución sigilosa que suele tomar por sorpresa al varón. En estas situaciones, el típico macho sufre una involución al regazo materno y a las formas más arcaicas de miedo y sumisión. La caída del héroe. Es definitivo: *los hombres tenemos el control afectivo hasta que las mujeres quieran que lo tengamos.*

Es indudable que una de las causas de la dificultad masculina para enfrentar su soledad afectiva está en el patrón egocéntrico-narcisista, con el cual se educa tradicionalmente al varón. En muchas estructuras sociales, el "hombrecito" todavía se hace acreedor de más privilegios que la "mujercita": la mayor ración, el primer permiso, el coche a temprana edad, más dinero semanal, en fin, una lluvia de favores y privilegios patrocinados y administrados por ambos progenitores.

Pese a que los padres hombres colaboran bastante para transmitir este legado absurdo y sexista, no cabe duda de que la batuta está en manos femeninas: "la reina manda en palacio". Tal como sugiere el sociólogo y ensayista Gilles Lipovetsky, muchas sociedades, que en apariencia se muestran patriarcales, esconden una organización familiar claramente matriarcal-maternal, donde el poder psicológico reside en las matronas y el económico en el varón. Más allá de cualquier consideración, el dictamen es casi lapidario: generalmente la responsabilidad de la crianza del hombre recae más en la mujer. Las madres amamantan, cuidan, acarician, alimentan, abrazan, defienden, riñen, se preocupan, moldean y aman profundamente a sus hijos. Si el acercamiento y cuidado materno está mediado por una posición machista que ha sido internalizada por la madre en cuestión (por ejemplo, aprendizaje social, cultura, religión), ésta transmitirá, aun sin proponérselo, un legado que fomentará un comportamiento masculino patriarcal y tiránico en sus hijos varones. Como afirma Virginia Woolf: "Las mujeres han servido todos estos siglos como espejos que poseen el mágico y delicioso poder de reflejar la figura del hombre al doble de su tamaño natural".

No pretendo negar la sana importancia del cuidado femenino, sino, como dije antes, señalar ciertos valores erróneos que se transmiten durante la crianza, y que son aplaudidos e instigados por el padre ausente y la cultura circundante liderada por lo masculino. Las "supermamás" y los padres fantasmas no sólo generan en sus hijos hombres un apego a la mujer-niñera, sino un estilo afectivo sumamente egoísta. Nos guste o no, como están las cosas planteadas, el varón aprende a ser mejor receptor que dador.

Equivocadamente hemos introyectado la falacia de que es más importante sentirse satisfecho que satisfacer, y esta forma unidireccional de vivir el amor nos ha hecho perder el placer de la entrega como forma de vida: *la suerte de tener a quién querer*. Hacer afectivamente feliz a alguien es otra manera de compartir. Pero muchos varones no han entendido esto: *soportamos mejor el no tener a quién amar, que el no ser amados*. Es decir, no sabemos prescindir de la dosis de cuidado, protección y preocupación con la que nos amamantaron nuestras madres. La idea de un hombre impermeable, ermitaño, hosco y afectivamente autosuficiente es más la excepción que la regla. Necesitamos que se hagan cargo de nosotros, ésa es la verdad.

3. El miedo al fracaso

Para cualquier varón normal educado en este planeta, la competencia forma parte de su itinerario cotidiano. Ya sea como desafío y reto, o como idoneidad y suficiencia, el hombre típico se halla atrapado entre estos significados básicos de "poder" que definen una buena parte de su existencia.

El valor de la dominación es un principio rector que ha acompañado al sexo masculino durante toda la evolución. Como sugiere Bryan Sykes en su libro *La maldición de Adán*, cuanto más poderoso sea un macho, más privilegios tendrá para la supervivencia personal. El dominio sobre los demás miembros garantiza, entre otras prerrogativas, la alimentación, el respeto y un harén considerable de hembras que envidiaría cualquier sultán. Además, quien ostenta el poder también genera un sentido de protección y seguridad en sus subalternos y en el grupo de referencia inmediato. Por tal razón, el dominador suele ser el más apetecido y deseado, tanto por un sexo como por el otro.

La atracción positiva que el prestigio del macho produce en las hembras es un factor que se repite constantemente en el mundo animal, y no sólo en las especies más avanzadas, como los primates, sino también en los niveles más inferiores de la escala zoológica. En una investigación realizada con hámsteres sirios a finales de los años ochenta y publicada por *Hormones and Behavior*, los investigadores compararon cuánto influía el nivel de dominación jerárquica de los machos en la elección que las hembras hacían a la hora de copular. Cuando las inquietas roedoras tenían que decidir entre machos "subordinados" o machos "dominantes" no dudaban mucho: todas elegían sin pestañear al de más poderío, es decir, al que obedecían los otros, al "macho de la tropa". Lo interesante era que las hembras no tenían forma de saber cuál era cuál a simple vista. Como los hámsteres permanecían atados, no tenían manera de hacer alarde de nada. No había manera de mostrar los arrebatos agresivos territoriales que caracterizan al macho alfa, como morder o reducir físicamente a los competidores. No obstante, pese al aparente vacío informacional que rodeaba la situación, todas las participantes decidieron copular con el mandamás.

¿Cómo sabían quién era quién? Muy sencillo y complejo a la vez: un indicador hormonal de encumbramiento y potestad, patrocinado por la naturaleza, guiaba el olfato de las pequeñas roedoras hacia el hámster de sus sueños. Los machos dominantes emanaban una feromona específica que no poseían los subordinados. Vale la pena resaltar que las diminutas hembras sirias no tenían un pelo de tontas; además de las reconocidas ventajas de estar con el más apto, existía una diferencia fundamental en la potencia reproductora: mientras que los machos dominantes mostraban cuarenta penetraciones en media hora, los subordinados sólo alcanzaban un deprimente promedio de dos. Esta pronunciada preferencia femenina por los machos de rango superior ocurre desde la langosta y los escarabajos hasta los chimpancés, pasando por el ganado y los ciervos. Un apoyo filogenético a la famosa aseveración de Kissinger: "El poder es el mayor de los afrodisiacos".

Si consideramos los beneficios y las recompensas potenciales que produce el prestigio, no es de extrañar que con el tiempo la apetencia por alcanzar y sostener el estatus propio y familiar se convierta en codicia y adicción al trabajo. Hay hombres a los cuales las vacaciones les producen depresión, y otros a quienes el ocio les ocasiona estrés. No sabemos manejar ni disfrutar el tiempo libre: o nos aburrimos o nos sentimos culpables. Un paciente que no llegaba a los cincuenta años, vicepresidente de una reconocida multinacional, se sentía "muy raro", casi enfermo, cuando estaba en paz. El sentido de su vida era producir dividendos. Si no había activación autonómica (adrenalina) y presión, se sentía extraño.

Si algún día nos descubrimos a nosotros mismos pensando de esta manera, habremos entrado a formar parte de las estadísticas epidemiológicas. Por ejemplo, tal como señalan los informes de la American Psychiatric Association, el índice de suicidio masculino casi triplica el de las mujeres; algo similar ocurre con el abuso de sustancias. En los países industrializados, la perspectiva de vida del varón es de ocho años menos que la del sexo femenino, cuando éstas no trabajan; si lo hacen, la diferencia se reduce. Debido al mencionado estrés masculino, los indicadores de violencia familiar e infarto suben de manera alarmante. Por desgracia, aunque la mortalidad prematura y la calidad de vida negativa nos acechen, seguimos empecinados en obtener el tan añorado poder. Es comprensible que algunos varones de avanzada, cansados de escalar posiciones, alberguen en su más honda intimidad el oculto y traidor anhelo de quedarse en casa. La ambición mata al hombre, más que a la mujer.

Parte de la problemática esbozada hasta aquí sobre el miedo al fracaso encuentra explicación en dos peligrosos mitos responsables del aprendizaje social del varón. Estos criterios formativos, o mejor, deformativos, son malas traducciones culturales de los viejos y prehistóricos parámetros de dominación biológica. Ellos son: *a*) "Vales por lo que tienes" y *b*) "Todo lo puedes". El primero orienta nuestra atención hacia los aspectos más superficiales de la vida. El segundo nos priva de la mejor de las virtudes: la humildad.

"Vales por lo que tienes"

Es equivalente a decir: "No importa quién eres". Los varones poderosos y civilizados generan su propia feromona. No huele, pero se ve. Su manifestación está representada por los típicos signos de estatus y éxito social, tales como un buen puesto de trabajo, ropa de marca, tarjeta oro, campos de golf, coche deportivo, vivienda lujosa, mayordomos y otros adminículos. No importa quién sea su portador, estas cosas lo compensan todo. El dinero, la más evidente señal de supremacía masculina civilizada, genera en el varón acceso directo a un sinnúmero de reconocimientos y favores específicos para su género. Ya sea en la antigüedad o en la actual posmodernidad, parecería que la tendencia es la misma: el hombre compra belleza y juventud, y la mujer seguridad y protección. Zsa Zsa Gabor decía: "Nunca odié lo suficiente a un hombre como para devolverle sus diamantes".

El poeta latino Horacio escribía mordazmente: “La riqueza es una reina que otorga belleza y hermosura”.

Algunos siglos después, los versos de Francisco de Quevedo confirman que la percepción no había cambiado sustancialmente:

> ¿Quién hace al tuerto galán
> y prudente al sin consejo?
> ¿Quién al avariento viejo
> le sirve de río Jordán?
> ¿Quién hace de piedras pan
> sin ser el Dios verdadero?
> El dinero.

La relación entre poder y poligamia está documentada en casi todos los grupos indígenas de América. Cuanto más estatus tenga el sujeto, no importa de qué tipo (mágico o económico), a más mujeres puede aspirar. El chamán de los piaroas y los guahíbos, los jefes motilones, el jaibaná de los chocoanos o el mama de los koguis, todos, sin excepción, se hacen acreedores a más de una compañera.

Mientras que las mujeres se deprimen más por desamor (ésa es la lógica), los hombres nos desmoronamos por las quiebras y las pérdidas económicas (son la principal causa de depresión masculina). Para muchos hombres de negocios, perder a la mujer es casi tan grave como perder la empresa. Mientras que las mujeres suelen competir entre ellas más por lo que son, la mayoría de los varones rivaliza más por lo que tiene. Aunque hay excepciones, la dirección del vector es evidente: si queremos dejar verde de envidia a un compañero masculino, simplemente dejemos caer, como quien no quiere la cosa, una jugosa inversión en dólares. La envidia podría matarlo. Ni siquiera el poseer algún talento especial (deportista, científico, músico) producirá el mismo efecto: *el virtuosismo entre los hombres es admirado y respetado,* pero pocas veces envidiado. Aunque deberíamos abolir las competencias personales, si hubiera que tenerlas, preferiría rivalizar por lo que soy y no por lo que tengo.

La emancipación de la mujer y su injerencia en el mundo laboral han creado una variante en toda esta disyuntiva del competir y el tener: *la mujer económicamente exitosa.* Para el varón inseguro, el éxito económico de su pareja es un verdadero castigo del destino. Algunos prefieren la pobreza a tener que depender de su compañera. Otros tienden a opacarla, a hundirla o a menospreciar sus logros, esperando así compensar de alguna manera su autoestima herida. Estos mismos hombres pueden competir económicamente con otro varón y asimilar la derrota de manera más o menos estoica: "Son gajes del oficio".

"Todo lo puedes"

Es lo mismo que decir: "Suicídate en el intento" o "No tienes el derecho a equivocarte". Decir: "No sé" o "No soy capaz" es un acto liberador. El prototipo de un varón sabelotodo, eficiente y solucionador de problemas lleva implícita la creencia de que los hombres debemos hacernos cargo de todo y brindar seguridad y protección por doquier. A veces, indudablemente nos gusta desempeñar el papel de salvadores, pero no siempre. La nueva masculinidad quiere disfrutar del privilegio de pedir ayuda sin sonrojarse y de reconocer los errores con honestidad. No queremos ser los mejores sino aprender a perder.

En cierta ocasión tuve que confrontar al padre de un paciente varón adolescente. El muchacho no sabía realmente qué estudiar. Era un joven sensible e inteligente, más inclinado por el área humanista que por otras profesiones. Pero, como es sabido, para cualquier hombre la elección de la carrera no suele estar determinada por sus talentos naturales, sino más bien por las posibilidades económicas de la misma. Para una mayoría significativa, es preferible que el hijo sea un ingeniero mediocre a un genio de la poesía. En el caso que nos compete, el padre aceptaba algunas de las carreras y mostraba una posición aparentemente abierta. Sin embargo, mi paciente no era asertivo y, por tal razón, intentaba hallar soluciones intermedias. Había descartado la música (su verdadera vocación) y la antropología. La nueva decisión estaba entre diseño industrial y psicología, cosa que no agradaba mucho a su padre, sobre todo la segunda. Cuando conversé con el señor entendí la carga de mi joven paciente. El padre, un hombre alto, vestido de manera impecable, de un andar, un hablar y un pensar francamente "exitista", resumió así su posición: "Yo no exijo mucho. Él puede elegir lo que realmente le guste, pero con dos condiciones: que sea rentable y que esté entre los mejores... Al menos entre los cinco primeros... Si las cumple, nada le faltará en la vida...Yo no pretendo influir sobre él... Pero lo importante es producir... ¿De qué le sirve la profesión si no puede vivir de ella? ¿Acaso se le puede pedir menos? El mundo es de los ganadores, y yo quiero que mi hijo lo sea". Cuando le contesté que algunos de esos ganadores perdían la alegría de vivir, no le gustó mucho. Luego de esa sesión, el joven no volvió. Al cabo de los años, en un concierto inaugural de la Orquesta Filarmónica, cuál sería mi sorpresa al ver a mi paciente, ya no tan joven, interpretando un solo para violín ante un auditorio extasiado. Si consideramos el salario de un músico en nuestro medio y su escasa proyección social, me pareció natural que su padre no estuviera entre los asistentes.

Tener aptitud organizadora, liderazgo y don de mando es virtud de algunos, pero no una obligación masculina contraída por nacimiento. Muchos varones son torpes, incapaces de ejercer un papel directivo y poco eficientes a la hora de tomar decisiones, pero tienen otros encantos. Ser autoeficaz es bueno y recomendable, pero no establecer márgenes resulta peligroso. El esquema de "límites insuficientes" crea en el varón *la obligación de ser un triunfador*. El ideal varonil de un reparador ambulante con taller propio y caja de herramientas aerodinámica no es para todos los hombres. Muchos no sabemos quitar una bombilla, no entendemos de mecánica, no tenemos taladro eléctrico y, lo que parece ser más grave, tampoco sabemos utilizarlo (afortunadamente los varones negados contamos con la desinteresada ayuda del directorio telefónico). No estoy defendiendo la desidia y el abandono, sino el *derecho a ser inútil*. A ejercer sin miedo la opción de dudar y de no saber qué hacer, sin que nos importe demasiado la evaluación social y sin autocastigarnos por ello.

Aceptar las propias limitaciones es el mayor de los descansos. El "yo ideal" deja de andar por la estratosfera y comienza a acercarse honrosamente al "yo real". Psicológicamente al descubierto, con lo bueno y lo malo a flor de piel. No importa que se noten nuestros errores; nos humanizan. No importa que debamos reconocer públicamente la ignorancia; nos purifica. Si fuéramos infalibles nos perderíamos el placer del aprendizaje y la fascinación del descubrimiento. La consigna del varón buen perdedor es sencilla y reconfortante: "Alégrate, afortunadamente no lo sabes todo, y mejor aún, no lo puedes todo".

El derecho a ser débil

El paradigma de la fortaleza masculina ha obrado en dos sentidos, ambos negativos para el varón. Por una parte, ha bloqueado de manera inclemente su natural debilidad humana y, por otra, ha promovido (reforzado) una serie de costumbres claramente exhibicionistas en favor de la supuesta fortaleza. Tanto en el primer caso (represión de las emociones primarias) como en el segundo (dependencia de la aprobación social), las consecuencias son castrantes.

El *derecho a ser débil* se refiere a la capacidad de aceptar, sin remordimientos de ningún tipo, cualquier manifestación de ablandamiento, obviamente no patológica. El derecho a sentir miedo, a fracasar, a cometer errores, a no saber qué hacer, al encantador ocio y a pedir ayuda, no nos alejan de la masculinidad, sino que nos acercan al lado humano de la misma. Ese lado tan especial donde reposa el andrógino personal y que había sido crudamente descartado por el típico hombre fortachón y rudo. La nueva masculinidad no desprecia el valor: lo reconoce, pero no se obsesiona por él.

Ejercer el derecho a ser débil no es irse para el otro lado y proclamar la debilidad como una virtud recomendable. Rescatar lo delicado no apunta a "travestir" nuestra virilidad ni a ensalzar un hombre blandengue, inseguro y pasivo, avergonzado de su sexo y desnaturalizado, tratando de imitar los valores femeninos. La seguridad en sí mismo, la capacidad de oponerse a la explotación personal, la persistencia para alcanzar las metas y el espíritu de lucha son valores deseables para cualquier persona, hombre o mujer.

Lo que se está criticando es *el miedo irracional a ser débil* y la estúpida costumbre de tener que exhibir el poderío durante las veinticuatro horas, para "cotizar" y ser amado.

El varón posee una fortaleza particular que le otorga su propio género, de la cual no puede ni debe escabullirse. Hay una debilidad seductora y tierna que no es raquitismo ni enfermedad, sino la expresión de lo femenino que llevamos dentro.

PARTE II

¿PUEDEN Y SABEN AMAR LOS HOMBRES?

Acerca del mito de la insensibilidad masculina y su supuesta incapacidad de amar

La verdad sea dicha, el "arte de amar" no es una de las virtudes que el varón haya podido ejercer tranquilamente. La vida afectiva masculina transcurre en una especie de zona endémica, bastante complicada y muy poco propicia para que el amor pueda crecer en libertad. Nos encanta amar, pero a veces se nos enreda el hilo y perdemos el rumbo. En realidad, para ser más franco y parafraseando la jerga *hippie*, nos hemos preocupado más por hacer la guerra que por hacer (construir) el amor. Cuando los jóvenes de los años sesenta nos adornábamos con margaritas, protestábamos por la guerra de Vietnam, recitábamos las cuatro tesis de Mao Tse-tung y poníamos a tambalear el orden establecido, también intentábamos rescatar el viejo amor perdido por la humanidad. Por desgracia, no fuimos capaces o no nos alcanzó el tiempo. Dejamos huellas como las marcas de un sarampión, algo de picazón, un poco de enrojecimiento, pero nada más; no alcanzamos la cima.

En esa época, los varones nos permitíamos ciertos deslices simpáticos en contra de la acostumbrada virilidad, aceptados y casi siempre patrocinados por nuestras liberadas compañeras, pero seriamente cuestionados por la severa y sesuda paternidad. Recuerdo que cuando mis hermanas me planchaban el cabello (papel y plancha en mano), mi padre me miraba en silencio como diciendo: "Esto no puede ser mi hijo"; en cambio, a mi madre siempre le parecía que estaba bien, me quitaba alguna pelusa de los hombros y me despedía con un gesto apacible de: "Ve con Dios". Camisas floreadas, pantalones de pata de elefante, zapatos de tacón o zuecos, predilección por las flores, los atardeceres, las poesías, Cortázar, Hermann Hesse, el Maharishi de turno, Krishnamurti y los Beatles eran algunos elementos que conformaban la parafernalia masculina de la época; también odiábamos el jabón, nos hacíamos trenzas y compartíamos amable y comunitariamente la novia de turno (ellas hacían lo mismo con nosotros). Había un toque afectivo, un clima de relax, una ambientación psicodélica, donde la ternura no quedaba excluida y convivía de manera alegre y entretenida con el género masculino. He llegado a pensar que, en todo ese "proceso revolucionario", los varones también buscábamos un tipo de liberación personal que trascendía lo ideológico. Había una propuesta afectiva de fondo de la cual nos alimentábamos en silencio, y disfrutábamos a corazón abierto. Aunque aquello quedó definitivamente atrás, cierta nostalgia suele hacer su aparición de vez en cuando, una reminiscencia emotiva difícil de enterrar nos habla en voz baja de lo que podría haber sido y no fue.

Si realmente queremos vivir en plenitud la experiencia afectiva, ¿qué nos impide hacerlo? ¿Qué nos falta o qué nos sobra? ¿Por qué no nos lanzamos desaforadamente a querer a cuanta persona se nos cruce por el camino? Cuando hablo de "zona endémica" me refiero a un conjunto de condiciones, básicamente psicosociales, que dificultan el intercambio afectivo del varón. Aunque algunos pueblos tribales podrían escaparse a esta afirmación, la evidencia psicológica muestra que la gran mayoría de los hombres civilizados estamos inmersos en una cantidad de dilemas obstaculizantes que no poseen las mujeres. Muchas veces no sólo no sabemos qué hacer con el amor, como si quemara, sino que no hallamos la forma de entrar en él sin tanta carga negativa. Para poder amar en paz debemos aprender nuevas formas de relación, pero también desaprender otras.

Señalaré tres conflictos afectivos que han caracterizado la vida amorosa masculina, y que en la gran mayoría de los hombres aún están por resolverse: *a*) el desequilibrio interior entre sentimientos positivos y negativos, que nos impide tener un libre acceso a la ternura; *b*) la oposición afectiva que mantenemos con el sexo opuesto, que nos impide identificarnos con lo masculino y acercarnos a lo femenino, y *c*) la dificultad de entregarnos a nuestros hijos desde el lado maternal que poseemos.

El conflicto emocional primario. Sobre la pugna afectiva interior del varón y la falsa incompatibilidad entre agresión y ternura

En los hombres prevalece una antiquísima dicotomía emocional, mal planteada y aparentemente sin solución, que nos quita fuerza interior y nos confunde. Desde la más temprana edad, los varones nos vemos obligados a *magnificar la oposición agresiva-destructiva y a adormecer la aproximación cariñosa-constructiva*. Un doble esfuerzo extenuante y totalmente antinatural. Muchas veces no queremos guerrear, pero peleamos, y muchas otras queremos llorar, pero nos aguantamos. Como si tuviéramos los cables invertidos: en vez de controlar los niveles de violencia y liberar los sentimientos positivos, frenamos la expresión de afecto y soltamos peligrosamente las riendas de la agresión. Veamos este cortocircuito afectivo con más detalle.

1. El guerrero interior y el culto a la violencia: la exaltación de los sentimientos negativos

La agresión física o verbal, es decir, el no-respeto o, si se quiere, la violación de los derechos a las demás personas, es exactamente lo opuesto a la experiencia amorosa. *Si hay violencia, no hay amor*. Puede haber formas distorsionadas de placer que se entrelazan y confunden con el sentimiento positivo, como es el caso del sadismo o el masoquismo, pero esto no es amor. La agresión, en cualquiera de sus formas, es atentatoria con la expresión de afecto, y altamente contaminante. Los datos son irrefutables: la mayoría de los niños varones que han sido golpeados pasan a ser golpeadores cuando son adultos, y no me estoy refiriendo solamente al ataque a las mujeres, sino también a la violencia entre hombres, que es mucho más frecuente.

La mayor tendencia masculina a la agresión y a otras manifestaciones de dominación, en comparación con las mujeres, se debe tanto a factores biológico-evolutivos como socioculturales. Cuando la herencia de la especie se ve reforzada por los mitos sociales, el resultado suele ser un cavernícola vestido de esmoquin.

El viejo combatiente

En el caso de la biología, parece muy establecido que los varones poseemos un paquete hormonal que nos predispone a estar siempre listos para el ataque. Parecería que la violencia está en nosotros. Si a un pajarito como el gorrión se le extraen los testículos (pesan un miligramo y tienen un milímetro de diámetro), el animalito se volverá sumiso, permisivo y apático por el sexo. Ya no será un combatiente por su propia supervivencia, y sus días estarán contados. Pero si se le inyecta cierta cantidad de esteroides, especialmente testosterona, el pájaro despertará de su letargo y adquirirá nuevamente aquellos comportamientos que definen a un macho. Volverá a nacer en él una incontenible motivación por el sexo, la agresión, la dominación y la territorialidad. Lo mismo ocurre en casi todos los animales, hombres incluidos. En palabras de Carl Sagan: "Cuanta más testosterona tiene un animal, más lejos está dispuesto a llegar para desafiar y dominar a posibles rivales".

La testosterona también parece explicar por qué en el mundo animal los códigos sexuales se parecen tanto a los agresivos. "Te amo" puede significar: "Voy a matarte", o viceversa; es decir, la mala lectura de estos simbolismos puede ser mortal. Es posible que ésta sea la razón por la cual el porcentaje de rechazos que sufre un macho chimpancé por parte de las hembras sólo alcanza 3%. Envidiable para cualquier humano.

Aunque los varones también poseemos hormonas femeninas, la testosterona es definitiva para que la masculinidad se dé. Su ausencia puede feminizar los genitales de un embrión masculino o, si su cantidad es elevada, puede llegar a masculinizar los genitales femeninos. Pero lo que resulta más impactante es que la testosterona es una hormona placentera para el macho. Un sinnúmero de investigaciones atestiguan que los animales aprenden más fácilmente tareas de diversa complejidad si el premio es medir fuerzas con otro macho, como si dijeran: "Nada más estimulante que un buen combate". Los estudios de psicología social sobre los efectos de las confrontaciones de pandillas callejeras y grupos marginados muestran que en determinadas subculturas urbanas la "lucha por la lucha" puede ser especialmente gratificante y crear tanta apetencia como cualquier droga. Los rebeldes sin causa, tipo James Dean, han existido desde siempre.

Parecería que un buen coctel de andrógenos y testosterona define dos de las más apetecidas necesidades masculinas: sexo y agresión. El problema real aparece cuando dejamos que el instinto se desborde: en estos casos estamos frente a una enfermedad psicológica de control de impulsos. Uno de mis pacientes, maltratador crónico, relataba así su estado de ira incontrolable: "Cuando me enfurezco, es como si mi vida dependiera de ello... No puedo parar... Cuanto más golpeo y más grita la persona, más fuerte pego... En esos momentos no soy yo... Hay como otra personalidad en mí... Como un círculo vicioso del cual no puedo salir... Y cuando caigo en cuenta... ¡Dios mío!... No puedo creer lo que hice... Pero ya es tarde". Un círculo mortal y una culpa tardía. La ausencia de sentido de la realidad es patente: con la fiereza necesaria para entrar en la peor de las batallas, pero sin batalla y frente a un contrincante indefenso.

En el mundo femenino la cosa suele ser más pacífica. Pese a que ellas también tienen testosterona, la cantidad de estrógeno (responsable de limitar la agresividad) y de progesterona (la hormona que asegura el cuidado y protección de las crías) es mucho mayor en la mujer. Es bueno señalar que estas diferencias hormonales, aunque distintivas, pueden invertirse si la situación lo exige. Nunca he estado de acuerdo con el estereotipo de que las mujeres no saben conducir un automóvil, porque muchas lo hacen mejor que cualquiera de nosotros. Pero debo reconocer que existe una extraña transformación en ciertas señoras conductoras que circulan por las congestionadas vías. No sé si la testosterona se les incrementa o si aprovechan la situación para desquitarse de la opresión machista, pero algo les ocurre; además, cuanto más grande es el vehículo, peor. No me refiero solamente a esas disimuladas y casi imperceptibles gesticulaciones insultantes de las cuales he sido víctima en más de una ocasión, sino a la marcada intolerancia, las provocaciones amenazantes y la poca cortesía que acompañan su recorrido (por ejemplo, al ceder el paso). En determinadas circunstancias, las mujeres más femeninas pueden llegar a ser tan bravas como el más bárbaro de los vikingos. Más aún, yo diría que en situaciones límite, cuando la vida personal o la de los seres queridos está en peligro (pensemos en una madre defendiendo a sus pequeños hijos), la diferenciación sexual se reduce prácticamente a cero. En estos casos, no somos ni de Marte ni de Venus, sino terrícolas enardecidos.

En el tema de las pulsiones agresivas no aprendidas, algunos autores han llegado a considerar que el origen de la guerra debe buscarse en una innata tendencia masculina al asesinato. Como si un brutal instinto criminal empujara a los varones a matarse entre sí. Nada más absurdo. Los datos antropológicos no parecen apoyar la idea de que la guerra necesariamente forme parte de la naturaleza humana del hombre. Algunos pueblos primitivos, como los habitantes de las islas Andamán, cerca de India, los shoshoni de California y Nevada, los yahgan de Patagonia, los indios que trabajaron en las misiones de California, los semai de Malasia y los tasaday de Filipinas, jamás hicieron ni conocen la guerra. Aunque nos cueste creerlo, nunca practicaron el homicidio intergrupal organizado. En otros casos, grupos altamente belicosos, como por ejemplo los indios pueblo del suroeste de Estados Unidos, al cabo de una o dos generaciones, sin que hayan podido mediar cambios genéticos, desarrollaron sólidos patrones de cooperativismo y pacifismo, totalmente opuestos a lo que eran. Si la naturaleza humana masculina fuera portadora de un germen batallador destructivo, el asesinato debería ser universalmente aceptado, y tal como lo demuestran la antropología y la psicología transcultural, la cosa no parece ser así. No obstante, en esto del batallar los estudios han encontrado una clara diferencia entre hombres y mujeres. Cuando la sociedad está dominada por hombres sin participación femenina de ningún tipo, las guerras pueden involucrar tranquilamente a personas de la misma etnia, parientes o vecinos: *nadie se salva*. Pero en las sociedades donde la supremacía no es totalmente masculina y las mujeres tienen más injerencia en todo nivel (matrilineales), la guerra nunca envuelve a gente del mismo grupo racial y lingüístico: *las mujeres cuidan más a los suyos*.

El combatiente social

En lo que se refiere a las causas sociales, la cosa es más compleja. Pese a que la testosterona sigue circulando por nuestras venas, y a que de vez en cuando nos guste un buen enfrentamiento con algún desconocido que nos miró mal, en el sujeto humano aparecen otros atributos (valores y principios) que modulan las viejas y aparentemente irrefrenables tendencias arcaicas. El altruismo, la amistad, el respeto, la cooperación y el sacrificio consciente por los ideales pueden oponerse, y de hecho lo hacen, a la agresión ciega e indiscriminada. Que no las promocionemos o no las usemos es otra cosa, pero el recurso existe y está disponible. La biología sólo alcanza a explicar una parte de nuestro comportamiento, pero no lo justifica. La justificación humana necesita fundamentación ética y moral, es decir, humanización. Tal como decía Jung: "Dejar salir el guerrero interior, para trascenderlo". Si la ausencia de ambición puede aminorar la guerra, y si el respeto permite crear las condiciones indispensables para que la agresión disminuya, ¿qué nos impide cambiar? ¿Por qué no podemos superar al mercenario?

La respuesta es simple. La cultura patriarcal glorifica y promociona una imagen agresiva distorsionada del varón: "Si no te llega, tómalo por la fuerza". La enseñanza social no apunta a trascender al guerrero, sino a exaltarlo y mantenerlo en estado primitivo. Independientemente de la edad, la mayoría de los quehaceres cotidianos del varón gira alrededor de enfrentamientos altamente competitivos o destructivos. Si analizamos con detalle el contenido de ciertas películas, los juegos de video, la ropa masculina, algunos deportes exclusivos para hombres, los juguetes y las modernas tiras cómicas y caricaturas, veremos que la apología de la violencia masculina está en pleno auge. Es una forma de mantener vivo el espíritu depredador que se supone anida en cada pequeño varón. Todavía retumban sonidos de tambores.

Aunque el valor de la violencia masculina se infiltra de muchas maneras en la mente de un niño, el ensayo y error, es decir, el aprendizaje que surge de la práctica directa y de la experiencia vivencial de crecer en el difícil mundo masculino, es el más determinante. Me refiero a la escuela de la calle. A muchos se nos han olvidado aquellos años de infancia donde teníamos que sobrevivir a una confrontación intermasculina francamente amenazante. No importa si era feroz, cruel o sutil: ella estaba allí. Clase alta, media o baja, guerra campal o guerra fría, si no había capacidad de contraataque, estábamos psicológicamente acabados. Un buen ejemplo eran los patios de recreo. Ellos representaban el escenario donde se ejecutaban muchos de los futuros guiones de cualquier varón medio. Era la antesala de lo que posiblemente ocurriría algún día fuera: el entrenamiento.

Como buen hijo de inmigrante de clase media, realicé mis estudios de primaria en la escuela pública del barrio. Todos nos conocíamos y formábamos parte de la misma "pandilla", por así decirlo. Mis recuerdos de aquella época son alegres y felices, pero también están anclados en un mundillo de actividades marciales y pendencieras: burlas, alianzas estratégicas, golpes, patadas, gustar al más fuerte, explotar a los más pequeños, engatusar a los profesores, correr más rápido, saltar más alto, escaparse del colegio sin ser visto, orinar más lejos que los otros, decir groserías, tirar gises, hacer más goles, no ser suplente en el equipo de futbol, ganar el primer puesto, caer bien al rector, en fin, la competencia en grado sumo. Recuerdo que en el colegio había un gordo gigante llamado Linares, al cual yo temía porque había decidido mortificarme la vida. Su método de aniquilamiento era consistente y sistemático, pero con variantes. Una de ellas consistía en sentarse detrás mío y darme golpecillos en ambas orejas. Además de que sus dedos parecían morcillas amarillentas (así es de severa la memoria), los tres o cuatro grados bajo cero de temperatura invernal ayudaban a que el dolor se congelara y me durara todo el día. La otra variante era más salvaje y directa, y por alguna razón que nunca pude entender, también estaba dirigida a mis pobres orejas. De repente y sin motivo alguno, mientras estábamos en el recreo, se abalanzaba sobre mí, me levantaba como si fuera una bolsa de basura, me llevaba detrás de unos arbustos y me ponía boca abajo en el piso. Luego se montaba a caballo sobre mi espalda, me agarraba con fuerza los lóbulos de las orejas y los estiraba sin piedad, hacia fuera, hasta producir una herida debajo de cada una de ellas. Cuando había terminado su desalmada faena, salía corriendo, muerto de la risa, junto a un flacucho encorvado a quien le decíamos "Chorlito", porque parecía un pájaro. En esos instantes de tortura y humillación, el patio estaba plagado de minienfrentamientos similares, aunque más sutiles y disimulados para evitar sanciones. Cada subgrupo estaba en su propia contienda. Algunos gritaban, unos corrían detrás de otros, un grupo saldaba cuentas y el gordo estaba encima de mí. Todo parecía tan normal como *Apocalipsis ahora*. Eran tantas las veces que esta historia se repetía, que ya nadie nos prestaba atención. Los profesores parecían vivir en otra dimensión (sobre todo cuando nos hablaban de "la importancia del respeto" en la clase de religión), y si algún contuso se quejaba, la respuesta era típicamente masculina: "Debes valerte por ti mismo". Mi madre vivía intrigadísima por las dichosas heridas debajo de las orejas, pero jamás llegó a sospechar que su hijo era víctima de semejante monstruo; además, mi orgullo varonil me impedía contárselo. En fin, todas mis estrategias de supervivencia eran infructuosas, estaba atrapado y desamparado. Por fortuna para mi autoestima, la historia tuvo un final feliz. Un día, posiblemente gracias al alma bendita de mi abuela, llegó un muchacho nuevo al barrio y, por lo tanto, al colegio. Se llamaba Pelozato, era un campesino rudo, alto y fornido, de piel curtida y con manos que parecían tenazas. Se había mudado a dos casas de la mía, y luego de darle a saborear las increíbles pizzas de mi madre, yo había logrado conquistar su amistad y especialmente su paladar. Recuerdo que en un recreo cualquiera, el gordo, como de costumbre, arremetió contra mi pobre humanidad con una mueca de placer jadeante, y con la pesadez de un tanque Sherman en cámara lenta, pero esta vez las cosas fueron distintas. Mi nuevo amigo simplemente extendió uno de sus poderosos brazos y el obeso agresor cayó de nalgas, con un estúpido gesto de sorpresa y el tabique de la nariz partido en dos. El milagro estaba hecho. San Pelozato comió pizzas por muchos años más. Se las había ganado.

Si cambiáramos un poco la escenografía y algunos nombres del relato anterior, no habría mucha diferencia con aquellas películas de presidiarios de los años setenta: *Muerte en San Quintín, Fuga de Alcatraz* o *Expreso de medianoche.* En la anécdota relatada está condensada gran parte de la lucha humana por la preservación de la vida, con sus maldades y sus bondades. El sadismo cruel, el honor, el odio, la complicidad, la sumisión, el oportunismo, la agresión, el terror, el interés, el altruismo y la amistad, todo formaba parte de un sistema educativo ignorante y cómplice. En este contexto, la agresión garantizaba la supervivencia, era definitivamente adaptativa e imposible de eliminar. No teníamos otra opción. Pese a que la educación ha cambiado, la estructura básica de muchos sociodramas escolares se mantiene. Es posible que, en algunos centros educativos modernos, los antagonismos adquieran un carácter más psicológico, menos épico y más civilizado, pero el tema de la violencia competitiva sigue estando presente. *Los varones siempre nos esforzamos mucho más en mostrar el lado agresivo de nuestra masculinidad, de lo que las mujeres se esfuerzan en mostrar el lado tierno de su feminidad.* De manera inexplicable, creemos que la rudeza nos reafirma, pero nos destruye.

Como dije anteriormente, la nueva masculinidad no desea matar al guerrero, sino aprender a utilizarlo. La ira es una emoción indispensable para autoafirmarse en los derechos y superar obstáculos, pero mal utilizada puede ser un arma de doble filo. Cuando la ira está bien procesada, se renueva en asertividad, es decir, la expresión adecuada de sentimientos negativos sin violar los derechos ajenos: decir "no", expresar desacuerdos, dar una opinión contraria, defender derechos, expresar rabia y así. Cuando la ira obra al servicio de los principios, estamos humanizando al guerrero. El estilo de vida hostil, exigente y arrogante, que instauró la típica sociedad patriarcal, desvirtuó la lucha natural por la supervivencia y decretó el abuso del poder como un valor masculino. La consigna del odio es ver al otro no como un interlocutor válido (Adela Cortina), sino como depositario de nuestra aversión, léase enemigo. Tal como sugiere el psicólogo cognitivo Aaron Beck en su libro *Prisioneros del odio*: "Cuando odiamos, tanto el odiador como el odiado quedan prisioneros en esta forma tan primitiva de pensamiento".

Más allá de toda transmutación posible y de cualquier intento que permita revaluar el arte de guerrear, muchos varones estamos cansados de pelear por pelear para tener que sentirnos verdaderos hombres. A más de uno, la leyenda del indomable nos tiene hartos y saturados. Ya es hora de quitarnos esa pesada y limitante armadura y de poner a descansar al organismo de tanta testosterona. Cuando disminuyamos los niveles de agresión, entenderemos que lleva más tiempo hacer enemigos que hacer amigos. Aunque muchos varones pendencieros se sientan tocados en su hombría, no hay alternativa: para vivir en paz, hay que bajar la guardia y hacerle duelo al odio.

2. El control emocional y la represión de los sentimientos positivos

La posición de que el varón no siente es insostenible, además de absurda. La cultura lleva siglos tratando de eliminar los sentimientos positivos en los hombres, pero no ha sido capaz. Por encima de todo, tal como lo muestra la historia, la sensibilidad masculina ha hecho de las suyas. Para sorpresa de muchos y muchas, el hombre ha dejado las huellas de su sentir en diversos campos de la creatividad humana (espiritualidad, arte, ciencia). No estoy negando la posibilidad de que el control económico y político masculino haya permitido que sobresalieran más hombres que mujeres en estas áreas; lo que simplemente estoy afirmando es que la capacidad de experimentar el afecto y emocionarse está presente en el sexo masculino. La ostentación del poder no es suficiente *per se* para que ocurra el fenómeno creativo: se necesita de alguien que vibre, y los hombres podemos hacerlo.

El problema del varón no es la atrofia sentimental, sino el miedo a dar rienda suelta, no selectiva, a todo el potencial afectivo con que cuenta. Como si al sentirse desbordado por la emoción se volviera más vulnerable y, por lo tanto, más atacable. Dos esquemas maladaptativos obstaculizan la comunicación afectiva masculina: "Si expreso libremente todos mis sentimientos, voy a mostrarme débil y femenino, y seré rechazado", y "Si me despojo de mis defensas racionales quedaré a merced de los otros, y se aprovecharán de mí". Miedo y desconfianza en grado sumo.

En realidad, aunque la segunda creencia carece de fundamento (la gente no es tan mala), el primer pensamiento posee algo de verdad. Contrariamente a lo que se piensa, la literatura científica y la experiencia clínica están plagadas de casos donde a los varones no les va muy bien cuando aflojan demasiado su reserva afectiva. Las críticas llueven de lado y lado: muchos hombres dudan de su virilidad y no faltan mujeres que cuestionan su masculinidad. En general, los estudios sobre percepción social de la conducta afectiva masculina muestran que hay un riesgo real al rechazo. Somos demasiado suspicaces respecto a los excesos afectivos masculinos. Mientras el varón se mantenga dentro de ciertos límites, la ternura es soportada por otros hombres y casi afrodisiaca para las mujeres, pero si se traspasa esa línea divisoria, la cosa se confunde. Veamos un ejemplo personal.

Hace algunos años, cuando estaba empezando mi carrera, fui al cine con un grupo de amigos a ver la película *The Champ* (*El campeón*), que relataba una bella y triste historia de las relaciones entre un padre viudo, boxeador, y su pequeño hijo varón. Cada uno de nosotros iba acompañado de una amiga. La mía me encantaba, y aunque la relación era reciente, existía una evidente atracción mutua de la cual esperaba verme beneficiado. Al apagarse las luces, ni lento ni perezoso le crucé el brazo y entrelazamos nuestras manos. Todo iba a las mil maravillas, hasta que me adentré en el argumento. El guión cinematográfico era de tal intensidad dramática (ya que todo hacía prever la muerte del papá y la consecuente orfandad de un niño rubio, simpático y pecoso) que al cabo de un rato más de la mitad de la sala estaba con el pañuelo en la mano. Una situación como ésta, cómoda y afín con el rol social femenino, puede convertirse en una pesadilla para un varón sensible (llorón). La tortura suele comenzar cuando una sensación de "nudo en la garganta" arremete desde dentro con el consiguiente impulso natural de lagrimear, sano y aconsejable, y una fuerza en sentido contrario que infructuosamente intenta apaciguar cinco millones de años de evolución. Los diques de contención se refuerzan, se intenta tragar a toda costa, la mente piensa en cosas distintas y se esgrimen risitas tontas, mientras un clima de incomodidad e inseguridad comienza a amenazar el estatus de una supuesta masculinidad vacilante. Esta lucha interna, según mandan las costumbres, debe ser ganada por el autocontrol masculino. Por desgracia, ese día, como solía ocurrirme con cierta frecuencia, mis controles internos fallaron. Pasados algunos minutos, los mecanismos de defensa sucumbieron a la potencia avasalladora de un lloriqueo cuasi inconsolable, es decir, un llanto de esos imposibles de ocultar.

No obstante los argumentos que puedan darse en contra de la represión emocional, del derecho a sollozar y otros tantos, la realidad es que un muchacho universitario llorando a moco tendido, con pañuelo prestado, durante la película *El campeón*, un domingo a las cinco de la tarde, no suele ser visto como un buen partido ni siquiera por las feministas más avanzadas. Al terminar la película, con mi hombría seriamente cuestionada por el auditorio inmediato, además de cierta dificultad para respirar, se hicieron dos filas. En una iban los varones con la obvia alegría que produjo la terminación del suplicio, tratando de doblegar su activada emocionalidad, golpeándose, empujándose, burlándose de la película o simplemente hablando de cualquier cosa. En la otra iban las mujeres "ojihinchadas", los novios consolándolas, y bastante más atrás... yo. Adiós conquista.

Tirarse a la palestra afectiva no siempre produce las positivas contingencias psicológicas y sociales esperadas. Por tal razón, aquellos varones dependientes de la aprobación de los demás no están dispuestos a pagar el precio: "Reprimir mis sentimientos tiene sus ventajas". No estoy eximiendo de responsabilidad al varón ni buscando culpables de la inhibición emocional masculina;

en última instancia, es el hombre quien debe reestructurar su vida afectiva. Sólo estoy mostrando un hecho evidente: *gran parte de la sociedad masculina y femenina aún no está preparada para ver a un hombre afectivamente liberado*. Esto lo saben muchos hombres y se niegan a cambiar.

En los varones, el temor a expresar sus sentimientos positivos puede ser totalmente irreversible. Recuerdo a un señor de unos cuarenta y cinco años, muy interesado por su crecimiento psicológico y espiritual, que fue incapaz de decirle "te quiero" a sus padres. Cuando iba a intentarlo, en el preciso momento de expresar la frase, le sobrevenía un temblor en las piernas y una especie de espasmo le impedía toda comunicación. Incluso los ojos se le llenaban de lágrimas, pero la verbalización se bloqueaba totalmente. Muchos de mis pacientes masculinos mejorarían ostensiblemente su relación de pareja y con las demás personas si lograran comunicarse y dar retroalimentación positiva: "Estás muy guapa hoy", "Me gustas", "Te admiro", "Te felicito", "Eres una gran persona (un gran amigo o un gran colaborador)", "Te aprecio", "Te necesito". El famoso y tan añorado "Te quiero", o el posgrado "Te amo", brillan por su ausencia. Las excusas masculinas siempre son las mismas: "No va conmigo", "Me siento ridículo", "Es como si estuviera en una telenovela", "En realidad nunca me han enseñado", "¿Para qué?" y muchas más.

Las mujeres casadas con hombres afectivamente inhibidos saben a la perfección que el acto sexual es, en la práctica, el único momento donde pueden disfrutar del contacto afectivo y sentir la ternura masculina en toda su magnitud. Para muchos varones, la desnudez física es el permiso para la desnudez psicológica. Los varones debemos comprender, de una vez por todas, que esa desnudez afectiva es el mayor estimulante para la mujer. En esos instantes, la comunicación sobrepasa los umbrales de la represión y el varón se desborda en cariño (es privado y nadie puede verlo). Por desgracia, luego de la más deliciosa y tierna intimidad, todo vuelve a la "anormalidad". El gesto cambia, las caricias se alejan, la escafandra vuelve a su sitio y el varón, que hace un instante enloquecía de amor y aullaba de pasión, vuelve al más lúgubre anonimato afectivo y a la misma expresión aletargada. ¿Por qué hacemos esto? ¿Por qué volvemos al mismo esquema de estreñimiento emocional? ¿De qué nos avergonzamos? Digámonos la verdad: en el recogimiento del lecho nupcial, la mayoría nos convertimos en los más ridículos monigotes del amor, decimos "cuchi-cuchi", imitamos al gato, al pato, al oso, a Topo Gigio, hablamos como el Guille de *Mafalda*, pedimos caricias, rascamos la espalda y hasta quitamos espinillas (y los más audaces hasta se disfrazan de bebé). Creo que si una cámara escondida filmara las relaciones conyugales íntimas, muchas de las películas obtenidas no entrarían en la categoría de pornográficas, sino en la de "cómicas" y "aptas para todo público".

Pese al lado tierno que a veces aflora, las marcas generacionales han sido brutalmente instaladas en el disco duro de la mayoría de los varones: "Los hombres no lloran", "Pareces una mujercita", "No me abraces tanto", "A los hombres no se les mima", "Si muestras tu sentimientos, verán tu lado débil", "Los hombres expresamos el amor de otra manera", "Si eres tierno, te ves ridículo", y así. Como veremos más adelante, la ausencia de un padre cariñoso que sirva de modelo afectivo ha creado un enorme vacío en la formación sentimental del hombre. Para un varón educado en la tradicional frialdad patriarcal, la comunicación afectiva es vista como una forma de flaqueza y desprotección. Es la caída de todas las defensas y la destrucción del mito en el cual se protegía esa férrea masculinidad temerosa de ser descubierta. Nos da miedo expresar lo bueno. Necesitamos estar seguros de no hacer el ridículo y de sentirnos aceptados para abrir la compuerta emocional positiva. Si las condiciones de seguridad no están dadas, nos encerramos. El despojo de nuestros mecanismos de defensa requiere tiempo, paciencia y altas cantidades de comprensión femenina.

3. Al rescate de la amistad masculina: cuando el varón quiere al varón

Desde el punto de vista terapéutico, es más fácil lograr que un varón exprese sus emociones a una mujer que a un hombre. Expresar amor a otro varón es, definitivamente, una terrible amenaza para el ego masculino; y no me estoy refiriendo a otra cosa que a la pura y sencilla amistad, libre de toda connotación sexual, viva o latente. Además del miedo típico "a que me gusten los hombres", la razón más común del freno emocional intermasculino es el miedo a la burla y a la crítica de otros hombres, es decir, a perder estatus. Los hombres somos muy severos con aquellos varones que expresan afecto de una manera demasiado efusiva.

Para un varón reprimido y duro, la exteriorización masculina del cariño es insoportable, le produce fastidio e incomodidad, porque cuestiona y remueve las represiones más escondidas. Dicho de otra forma: *para un varón emocionalmente estreñido no hay nada peor que un varón emocionalmente liberado*. Le crispa los nervios. En las terapias de grupo de hombres, más de la mitad escapan escandalizados cuando deben abrazar y acariciar a sus compañeros. A veces, la deserción ocurre simplemente porque deben comunicar sus sentimientos a otros varones. Estamos tan acostumbrados a que nos oigan las mujeres, que cuando un varón nos abre el corazón, nos asustamos.

La posibilidad de comunicarse con otros hombres y compartir las experiencias masculinas afectivas, o de otro orden, es de una riqueza psicológica invalorable. Compartir las vivencias desde y hacia la masculinidad es una manera de incrementar el autoconocimiento y el crecimiento personal; no hacerlo es un desperdicio. Recuerdo que cerca de mi casa había un parque donde se reunían grupos de hombres mayores, ya jubilados, para conversar y tomar el sol. Para nosotros los jóvenes, presenciar esas reuniones era como un bachillerato acelerado, sin exámenes y sin censura de ningún tipo. Un laboratorio vivencial donde se reproducían la segunda guerra mundial, la guerra civil española, las mejores cátedras de anatomía femenina, los problemas económicos del país, el futbol, algo de ajedrez y los insultos al gobierno. Con una facilidad increíble, todo se convertía en polémico, nadie escuchaba a nadie y todos hablaban al mismo tiempo: un costurero masculino. Ese lenguaje hubiera sido chino para cualquier mujer. Pero detrás de ese "ruido", aparentemente carente de significado, se escondía el dialecto de la camaradería, el sentido de pertenencia a un club "sólo para hombres" y un espacio masculino que se hacía extensivo a la sala de boliche, al billar o al bar de la esquina. Allí aprendíamos a jugar cartas, dados y dominó. También aprendíamos el sutil arte de hacer trampas inofensivas, a poner apodos y a cultivar una amistad que perduraría por años. Más allá de la competencia y las disputas, había un lugar donde podíamos reír del mismo chiste sin traducciones, y burlarnos de las mismas cosas sin disculparnos. ¿Alguien duda que Aristóteles y Cicerón cuando hablaban de amistad estaban en lo cierto?

Por desgracia, se han perdido la filosofía del café y la pasión que debe acompañar toda buena conversación. Cada día somos más tímidos y cada día nos aislamos más. Es tragicómico ver cómo el alcohol logra lo que ninguna terapia es capaz de hacer. Bajo los efectos "embellecedores" de la bebida, los más rudos exponentes de la insensibilidad masculina se vuelven empalagosamente dulces e insoportablemente afectuosos, sobre todo con amigos hombres (con las mujeres la cosa es más sexual): cariños y expresiones efusivas acompañan a un "varón tomado", artificialmente liberado y descontrolado. Ya en la madrugada, algunos hasta lloran.

Conmoverse por el sufrimiento de un amigo, ayudarlo, jugársela por él, abrazarlo, expresarle amor incondicional, carcajearse y hablar, no ya de "hombre a hombre" sino de amigo a amigo, es desmontar gran parte del sofocante hipercontrol racional al que estamos acostumbrados. Los amigos posibilitan el diálogo, el chisme interior, la locura que no se permite en casa, el cuento mal contado y el secreto mal habido. Es una de las mejores maneras de desagotar la represa emocional. Con el tiempo, uno descubre que la ternura y el cariño compartido entre varones se vuelve tan natural como el juego entre dos cachorros. El hombre debe volver al hombre. Y no lo digo de manera discriminatoria sino complementaria, porque en la medida en que el varón pierda el miedo al afecto masculino, se acercará más tranquilamente al amor femenino.

El conflicto afectivo con lo femenino. Sobre el amor por las mujeres y la persistente manía de tener que oponernos a ellas para definir la propia masculinidad

La vida de cualquier hombre está todo el tiempo ligada a la de la mujer. Siguiendo los argumentos que esboza Élisabeth Badinter en su libro *XY, la identidad masculina*, desde el punto de vista biológico, la programación básica de la vida en el nivel embrionario es femenina; nosotros le agregamos (transmitimos, forzamos o depositamos) el cromosoma "Y" que define el sexo del hombre (la identidad viene después). Si no existe esta intervención, la tendencia de la naturaleza es a producir mujeres, pero si aparece el gen responsable, se produce una formación testicular masculina.

Ahora bien, el testículo fetal debe estar todo el tiempo pendiente de la evolución del embrión: un mínimo descuido puede crear un caos patológico o alguna deformidad. Durante las ocho o nueve semanas iniciales debe haber un esfuerzo permanente para que la diferenciación del feto masculino se dé. Cuando digo esfuerzo, me refiero a un trabajo extenuante, a una verdadera contienda con la tendencia natural a generar hembras. Tal como han sostenido infinidad de biólogos y psicólogos de diversas corrientes, al macho hay que fabricarlo, mientras que la hembra simplemente está ahí. Ella ocurre por obra y gracia de la "madre" naturaleza, es decir, *si la estructura cromosómica original sigue su curso, espontánea y tranquilamente, nacerá una mujer.* Sin querer pecar de fatalista, este comienzo biológico es el presagio de un derrotero que definirá gran parte de la vida posterior del varón en dos sentidos: *a*) su origen femenino y *b*) la oposición a esta misma génesis para definir su masculinidad.

Mientras estamos en el seno materno, el universo amniótico nos acurruca, alimenta y acaricia. Permanecemos nueve largos meses metidos dentro de una mujer, siendo totalmente uno con ella y disfrutando con intensidad del silencioso nirvana de su vientre. En él nos refugiamos, hacemos y deshacemos a nuestro antojo. En él vivimos el milagro de la vida, donde todo es beneficio y nada es inversión: el negocio perfecto. Por alguna razón aún no establecida, a los hombres la naturaleza nos privó del privilegio de brindar este paraíso interior a otros seres. Al menos biológicamente hablando, nunca podremos decir "nuestras padres" o "nuestros madres". El vientre paterno sólo existe para el padre: no es compartible ni convertible. Venimos de mujer, ésa es nuestra procedencia, y pese a que algunos tontos lo vean como una desgracia, muchos varones aceptamos gustosos nuestro origen (aunque debo reconocer que no nos gusta demasiado pensar o hablar de ello). No hay vuelta de hoja; hasta el más insoportable machista debe reconocer que en el momento de su nacimiento, cuando pasó del éxtasis interior al ruido ensordecedor del mundo viviente, lloró, pataleó y protestó enérgicamente. Estar "en" mamá era mejor.

Pero la relación de dependencia con las mujeres continúa. El idilio prenatal adquiere una nueva forma después de dar a luz. La relación intrauterina madre-hijo se prolonga de manera extrauterina durante varios meses, en los cuales la madre sigue prodigando cuidados de todo tipo, cariños, besos y abrazos. La díada afectiva se hace ahora claramente visible. La simbiosis sigue, pero más consciente de ambas partes. En el bebé ya existen formas primarias de percepción y la mente comienza a formarse. Ya ambos pueden verse, tocarse e intercambiar placer de una forma más directa, atrevida y erótica. Sin embargo, muy a pesar de los implicados, este amorío, primario y básico para la supervivencia, se complica. En el varón se suma un nuevo ingrediente, algo que lo hará renegar y lo obligará a dar marcha atrás. Una especie de infamia ontogenética comienza a tejerse, un mal chiste del destino y una mala jugada de la vida: *la identificación masculina*, que a la larga no es otra cosa que una "desidentificación" femenina.

Tal como dije antes, a diferencia de lo que ocurre en el bebé de sexo femenino cuyo proceso de identificación ("soy una mujer") ocurre de manera natural, fluida y pasiva, el varón debe hacer un giro de 180 grados, frenar el proceso de identificación en el que venía y reconocer a regañadientes que aquello que lo contempló, lo colmó de dicha y le dio tanto amor es de otro planeta o, al menos, no es como él. Debe renunciar a la mayor fuente de placer conocida, alejarse intempestivamente y comenzar a desligarse de un "yo" mal habido y de una autopercepción afectiva mal construida; como el cuento de la leona criada con ovejas que, un buen día, al mirarse en un lago, descubre que no es igual a sus congéneres, sino distinta, de otra raza o de otra especie. Aunque no tenemos forma de saberlo, me imagino que el impacto para un niño debe ser terrible, más aún si consideramos la ausencia del otro patrón de identificación: la figura masculina del padre. Si al niño le diera por preguntar: "Está bien, no soy esto, pero entonces, ¿qué soy?", la respuesta lógica, aunque algo indeterminada, debería ser: "Eres un varón". Y si acaso el supuesto niño volviera a preguntar: "¿Y qué es un varón?", más de un padre saldría corriendo.

La identidad de los humanos, es decir, el autorreconocimiento personal, ocurre mediante un principio que se conoce con el nombre de "fenómeno de mirarse al espejo". Nos autodefinimos en la medida en que nos vemos en relación con los otros. Cuando el niño descubre atónito que se estaba mirando en el espejo equivocado, debe comenzar a distanciarse mental y afectivamente, y debe mirar para otro lado: buscar otro espejo. Esta ruptura de género con la fuente primaria, es decir, la mamá, requiere una reacción antagónica y una oposición activa. Aunque no nos guste demasiado, la naturaleza obró así: *la masculinidad comienza a definirse por el desprendimiento de lo femenino.* Mientras que en el proceso de identificación femenino, la cercanía afectiva y la relación con su fuente de alimentación y cuidado fortalecen la concordancia de género, en el hombre es al revés. Al varón, la correspondencia de la propia identidad no le viene dada; debe trabajar para obtenerla. Debe tratar de hallar un punto medio donde no se retire demasiado, lo cual sería poco recomendable para su posterior vida afectiva (odio o indiferencia a las mujeres), ni tampoco debe quedar atrapado en un vínculo infantil, lo cual sería catastrófico (afeminamiento o complejo de Peter Pan). Este proceso de mantener a raya a la mujer para poder encontrar su propia identidad genera un desgaste enorme de energía en los varones, además de angustia, culpa, odio y amor, mezclados y agitados. Pero la cosa no termina aquí.

Hacia los dos o tres años, tanto los niños como las niñas intentan la separación de género; los juegos son distintos y se prefieren amiguitos del mismo sexo. Los chicos parecen desarrollar cierta fobia a las niñas, y éstas, cierta pena por la "bobada" masculina. Ellos, antes de entrar en la preadolescencia, pueden llegar a tener verdaderas pesadillas sobre la posibilidad de ser una niña enmascarada, o lo que es lo mismo, una niña en el cuerpo de un niño. El mayor terror y el peor insulto para un muchacho de esa edad es que le digan niña.

Sin el menor ánimo de parecer víctimas y ateniéndome exclusiva y objetivamente al desarrollo psicológico-afectivo masculino: ¡qué ajetreo tan agotador este de ser varón! Primero, en lo embrionario, debemos agregar una "Y" que solamente poseemos los varones y que no parece estar programada de manera tan natural por la biología. Después, la desilusión y la cruel aceptación de que no se es mujer, es decir, que soy una especie de marciano. Más tarde, cuando la cosa parece estar tranquila, nos sobreviene un trastorno obsesivo no registrado aún por la psiquiatría: "Para ser varones debemos diferenciarnos de las niñas", más aún, cuanto menos nos parezcamos, más hombres seremos. En vez de aprender a ser varones reafirmando lo que tenemos que hacer, lo aprendemos por defecto, es decir, por lo que no tenemos que hacer. Para rematar la cosa, durante casi toda la vida a muchos varones les asalta el pavoroso miedo, algunos dicen que la duda, de ser homosexuales. O sea, además de todo lo anterior, también hay que cuidarse de ser homosexual (nuevamente oponerse) y, como es obvio, hay que diferenciarse de ellos. ¡Qué falta hace un papá!

En cierta ocasión fui invitado por una asociación de mujeres para hablar sobre este tema. Cuando terminé de explicar el problema de la identificación masculina, la mitad de las asistentes tenía los ojos llorosos, y la otra mitad mostraba un claro sentimiento de compasión y pesar: "Pobres... Lo que tienen que sufrir". En verdad, no supe si debía agradecer el gesto o deprimirme con ellas.

Es poco natural que en este contexto de búsqueda de lo viril, la gran mayoría de los hombres adquiera el vicio, generalmente no consciente, de tener que estar todo el tiempo mostrando que son verdaderos varones. *La masculinidad es mucho más importante para nosotros, de lo que la feminidad es para las mujeres.* Realmente, equivocamos el camino. Podríamos orientar nuestras energías fundamentales a descubrirnos a nosotros mismos, sin definir tantos territorios y límites inútiles con lo femenino. El absurdo está planteado así y mantenido por siglos: *en los varones, la masculinidad depende de cómo se resuelva la feminidad*. Ridículo en grado sumo. El desatino está, precisamente, en que no hay nada que resolver. Es posible que no tengamos mucho que hacer en lo embrionario, pero sí podríamos mejorar la manera como la cultura administra los procesos infantiles de identificación masculina. También podríamos crear nuevos métodos educativos para la socialización de niños varones, reestructurar la concepción que los adolescentes tienen de las mujeres y trabajar activamente para vencer el miedo a la expresión de sentimientos positivos. En fin, hay mucho por hacer, si en verdad existiera la motivación.

Esta insistente arremetida contra lo femenino comienza a suavizarse cuando hacemos un descubrimiento desconcertante y casi que traidor a la causa: ¡las mujeres nos dejan de parecer horribles y además, nos gustan! "Dios mío... ¿Cómo es posible?... Ellas me gustan", exclamaba seriamente preocupado un paciente de doce años, sorprendido de sí mismo. Este hallazgo es tan estremecedor y avergonzante que suele ser mantenido en secreto por algún tiempo, hasta que alguien más valiente sea capaz de comentarlo en el grupo de referencia. Así, descubrimos que por fortuna no somos los únicos. En verdad, cualquier muchacho aquejado de enamoramiento siente el más grande alivio al ver que sus compañeros de género están en las mismas y, como suele ocurrir, hasta el más duro del grupo está "afectado". Como una epidemia de origen desconocido, los temibles combatientes antifeministas van deponiendo las armas y entregándose mansamente, uno a uno, al enemigo. Un contrincante mucho más poderoso, en apariencia pasivo y supremamente encantador, que no perdona.

Junto al virus afectivo que nos revuelca sin remedio en el amor adolescente, en el varón se hace evidente una nueva fuerza con el vigor de mil soles, punzante y demoledora, que definirá gran parte de la existencia masculina posterior, y de la que hablaré en la tercera parte del libro: la atracción sexual. Esta nueva energía termina de hacer añicos esos años de "protesta viril", como los llamaba Alfred Adler, y la balanza definitivamente comienza a inclinarse. Las paradojas de la vida: tanta condena, tanta negación por lo femenino, para regresar a ellas. Del destete al chupón. El retorno a la mujer y la aparente conciliación con el otro sexo deja expuesto de una vez por todas el conflicto básico del varón, el dilema atracción-repulsión hacia lo femenino, que guiará y determinará gran parte de su futura vida amorosa.

Aunque hay muchísimos estilos afectivos masculinos, y aunque algunos pueden llegar a superponerse para crear subtipos similares a los desórdenes de la personalidad, señalaré los que considero más importantes frente al impedimento que genera la oposición a lo femenino. Según como se intente resolver este conflicto básico, serán las formas de relacionarse afectivamente: muy cerca, malo; muy lejos, también. Los que no son capaces de alejarse lo suficiente del vínculo maternal inicial permanecen en una relación infantil o culpable. Los que se distancian demasiado pueden oponerse al amor femenino con indiferencia o agresión. Los que logran reestructurar un buen punto de equilibrio alcanzan a reconciliarse con ellos mismos y con el amor femenino. Dejaré al hombre conquistador compulsivo, al que sufre de "donjuanismo", para el apartado sobre la infidelidad.

1. El hombre apegado-inmaduro

Este hombre no ha logrado desarrollar su virilidad. Es un varón altamente dependiente y todavía unido al cordón umbilical. Quedó apresado en la relación maternal y no logra separarse del vínculo y alcanzar la autonomía. Por lo general, es el típico hombre incompleto, débil y aniñado. El rasgo principal está en el apego y en el miedo a ser varón. Asumir su identidad masculina le produce pánico, porque deberá alejarse de sus señales de seguridad. Este tipo de hombre no sabe ni puede amar, porque está demasiado concentrado en sí mismo, en sobrevivir y en ser amado. Es un narcisista egocéntrico, pero no por convencimiento sino por inmadurez afectiva. Al resolver el conflicto a favor de la madre, el estancamiento le impide el desarrollo de una identificación normal con su rol masculino. Lo que verdaderamente necesita es una nodriza, alguien que se haga cargo de él y lo asista. Un hombre así es un niño grande que se niega a crecer, un Pantagruel afectivo que ya no puede desarrollarse en ningún sentido.

Cuando el hombre apegado-inmaduro siente que el sustento afectivo se debilita, es decir, cuando prevé el distanciamiento, entonces activa la estrategia retentiva del niño, la cual consiste en agarrarse desesperadamente de la mamá, como si se tratara de una prolongación de su ser: "¡Mi mamá es mía!", "¡Vete!", "¡No la toques!". En estos hombres empieza a funcionar una forma especial de celos cuando sienten, real o imaginariamente, que están perdiendo la seguridad que les brinda su pareja. Entonces persiguen, vigilan, recogen pistas, registran, se ofenden, agreden y alejan a todo ser que pueda robarles o distraer la atención de la mamá-mujer. Este tipo de celos es la manifestación más primaria del apego. La posesión se convierte aquí en la manera de apoderarse a la fuerza de la fuente de seguridad, y de garantizar el suministro necesario de confianza para seguir sobreviviendo en el regazo materno. La motivación básica del celoso-apegado-inmaduro no es rescatar el ego lastimado (como el machista) ni defenderse del engaño (como el paranoide), sino evitar enfrentar la realidad de la propia identificación. Cuando la cosa se pone grave, estamos ante la celotipia, una enfermedad que requiere ayuda profesional.

Si su pareja es extremadamente maternal, la combinación es mortal e incestuosa, aunque compatible. Algunas mujeres, atrapadas en este tipo de relaciones, crean un cierto reto personal, y movidas por un optimismo francamente desbordante, intentan enseñarle al grandulón a ser adulto, es decir, a ser varón: otra vez lo maternal. Esta noble cruzada termina, evidentemente, coartando aún más la poca autonomía masculina que puede haber existido y agregando más dependencia a la relación. El peligro radica en que el apego, aunque no lo parezca, es contagioso. Entonces el resultado suele ser un doble apego, simbiótico, fuera de lugar y a destiempo. Ella adopta al bebé.

2. El hombre culpable-sumiso

Este tipo de varones hacen una jugada mental sumamente autodestructiva. No contentos con los avatares y la complejidad del proceso de ser hombre, deciden echarse al hombro una nueva carga: la culpa. Como si la conciencia se reprochara a sí misma: "Para ser hombre, tuve que renegar de mi madre y traicionar su amor". Un Judas afectivo de la peor calaña. Negar a Jesús fue algo espantoso, pero negar a la madre es una monstruosidad genética.

Estos hombres muestran una actitud reverencial y exageradamente servicial para con las mujeres, realmente sospechosa. A ellas obviamente les encanta que sean atentos, amables y buenos anfitriones, que les den la razón, que se muestren abiertamente feministas y que pidan disculpas todo el día. Pero esta manera de relacionarse no es amabilidad sino un acto de compensación, un tipo de indemnización. Si pudieran volver en el tiempo, serían transexuales, o al menos, solterones empedernidos. Cuando oigo: "Tu marido es un santo a canonizar", de inmediato me pregunto: "¿Qué tipo de santo será, virtuoso o culposo?". Ser bondadoso y conciliador por vocación es algo respetable, pero ser sumiso por necesidad es lamentable.

Estos hombres muestran un aparente amor incondicional por sus mujeres y una tolerancia sin límites, que no es otra cosa que la penitencia autoimpuesta para reparar el supuesto daño afectivo original de separarse de la madre, que trasciende la pareja y se hace extensivo al sexo femenino en su totalidad. Reivindicarse frente a todas las mujeres del mundo puede ser bastante agotador. Además, por pura estadística, a más de una dama puede parecerle atractiva la idea de someter de vez en cuando a su pareja; después de todo, él lo quiere así y parece disfrutarlo. El hombre culpable-sumiso se siente internamente miserable y sin derecho a un amor respetable, y por tal razón el castigo suele convertirse en fuente de placer. Por donde se mire, es malo y contraproducente. Estos hombres aceptan complacidos el maltrato. Verlos en acción es desagradable hasta para las mismas mujeres.

Hace poco me tocó presenciar una de estas autolaceraciones públicas en un grupo de amigos. El hombre en cuestión debía traer unos medicamentos para su suegra, pero debido a un problema laboral imprevisto llegó con bastante retraso a la comida en su casa. La verdad sea dicha, en general había sido un hombre muy puntual y responsable (su mujer siempre sabía dónde estaba), pero esta vez se había retrasado. Cuando llegó, ya todas las parejas invitadas estábamos cómodamente instaladas, saboreando un delicioso aperitivo y tratando de calmar a su mujer, quien fumaba y bufaba al mismo tiempo. Al verlo entrar, sin mediar saludo de ningún tipo, le gritó a pulmón lleno: "¡Te dignaste venir!". Él se limitó a esbozar una sonrisita lamentable. Ella se le acercó con paso firme, le arrancó el paquete de medicinas y literalmente le gruñó. Él se quitó el abrigo, se aflojó la corbata, que en esos momentos más parecía una soga al cuello, pidió disculpas por llegar tarde y se dejó caer pesadamente, por pura gravedad, en un sillón enorme y mullido que casi se lo traga. Sentado ahí se veía como un niñito regañado y acongojado, lo cual se notaba más por la insistencia en buscar permanentemente la mirada de su enfadada mujer, para ser absuelto.

Al cabo de un rato, cuando por suerte el clima y la temperatura ambiente parecían mejorar, mi amigo tuvo la mala suerte de tirar y romper una botella de vino añejo, regando el preciado líquido sobre una bellísima y pálida alfombra persa sin muchos arabescos. El accidente, debo ser sincero, me dolió más por el desperdicio del líquido que por el tapete. A la dueña de la casa, como es obvio, le pareció al revés. Volvió a gruñir, esta vez con un sonido estridente, y soltó una frase que nos dejó perplejos: "¡Calvo idiota, no sirves para nada!". Todas nuestras miradas, como ocurre con el público asistente a un importante partido de tenis, buscamos al unísono los ojos de nuestro infortunado amigo, los cuales estaban más achinados, rojos y chiquitos que de costumbre. Luego, otra vez al unísono, dirigimos la mirada hacia ella, esperando algún tipo de rectificación, pero se reafirmó en lo dicho, sin hablar. Entonces, todos nos levantamos al mismo tiempo, como impulsados por algún resorte invisible, para colaborar de alguna manera en el accidente, hacer un *break* y descongelar el cuadro de tragedia. Él, luego de semejante insulto, obviamente se mostró un poco más adusto y serio, pero en realidad estaba más dolido que ofendido. Con el transcurrir de la noche, ante la insistente indiferencia de ella, no aguantó más y en un acto de expiación sin precedentes, le pidió disculpas públicamente y un beso para hacer las paces, a lo cual ella accedió de mala gana.

Aunque algunos elogiaron la nobleza del varón arrepentido y su acto de contrición, la mayoría de los comensales, hombres y mujeres, intercambiamos un acuerdo implícito, muy gestual y secreto, de no aprobación. Lo interesante del relato es que la bravura de nuestra amiga anfitriona sólo hace aparición con su pareja. Con otras personas es una mujer tierna, amable y tolerante. Algo similar ocurrió con la primera esposa de mi buen amigo y con la mayoría de las mujeres que le conocí a lo largo de su vida: al cabo de un tiempo, todas mostraban el mismo patrón agresivo. Él se encargaba de que fuera así.

El varón culposo coloca su cabeza en el cadalso y dice: "Si me amas de verdad, destrúyeme y así podré amarte", pero el amor, por definición, es ausencia de destrucción. El amor sincero es energía creativa. Intervenir en este suicidio afectivo es sumamente dañino para cualquier mujer, porque desvirtúa la verdadera esencia del amor y compromete no sólo la salud mental de la víctima, sino también la del verdugo. Parafraseando a Erich Fromm en *El arte de amar*: "El amor es la expresión de la intimidad entre dos seres humanos, siempre y cuando *se preserve la integridad de cada uno*" (las cursivas son mías).

3. El hombre esquizoide-ermitaño

Este hombre se caracteriza por un estado afectivo plano generalizado, pero especialmente con las mujeres: algo de deseo, nada de amor. El esquizoide-ermitaño, hasta la edad adulta, se mantuvo con firmeza en la oposición a lo femenino y solucionó el conflicto atracción-repulsión con la mujer mediante el distanciamiento. No hay mayor alejamiento afectivo que la indiferencia: "Ellas no existen", "Puedo vivir sin ellas" o, simplemente, "No me importan". No es autonomía ni sana independencia, sino desconexión emocional y sexual. Muchas mujeres son víctimas de estos hombres "disociados" que no parecen responder a ningún tipo de seducción y provocación, como si fueran de plástico. Ermitaños del amor, temerosos de que la mujer los arrastre y los despersonalice, se atrincheran en una soledad afectiva ilimitada. Un paciente con estas características describía así su tortuoso sentimiento hacia lo femenino: "No nos engañemos, doctor... Como hombre, usted alguna vez debe de haber tenido la sensación espantosa de ser succionado, aspirado hacia ellas... ¿Qué puede haber más parecido a la muerte que las cavernarias y gelatinosas paredes de un vientre o una vagina?". Le respondí que mi visión de las mujeres no era tan sombría, ya que las asociaba más con la vida que con la muerte. Él, como si se tratara de un terapeuta experimentado, durante varias sesiones intentó convencerme sobre la existencia de ese lado femenino oscuro y pernicioso, afortunadamente sin éxito.

Estos hombres ausentes se tomaron muy a pecho las consignas antifeministas del desarrollo masculino y las internalizaron para el resto de sus días. Mataron el amor y se suicidaron en el intento. El síndrome del ermitaño es peligroso para muchas mujeres sedientas de amor, porque estos hombres no dan indicación ni sugieren, ni avisan a la parte interesada sobre su incapacidad de amar: sencillamente no les importa. Frente a esta incompetencia afectiva no hay nada que hacer. La mujer debe retirarse y olvidarse del asunto. El desinterés es la más cruel y silenciosa de las armas para destruir la autoestima de cualquiera. Una mujer víctima de un hombre así me decía: "No entiendo, doctor, por qué me trata mal... He sido cariñosa y amable... No me habla ni me atiende... Es como si le molestara y me tuviera asco... Quiero entender". Le dije que no había nada que comprender. Él era peligroso y ella debía alejarse: "Para poder entenderlo deberías sufrir su misma enfermedad, pero si la tuvieras, no te interesaría nada de él, porque estarías en una especie de limbo afectivo... Él no puede dar más...Ya no sabe cómo hacerlo, se olvidó... O quizá nunca lo supo... ¿No crees que mereces algo mejor?... Alguien que realmente te ame sin tantas complicaciones... Te has convertido en la traductora de su intrincado mundo emocional... Recogiendo pistas, analizando, infiriendo...Y mientras tanto, ¿dónde está el amor?... Tu relación se ha vuelto un problema para resolver y no algo para disfrutar... Nada de lo que hagas lo hará cambiar... Eres mujer, y por ese solo hecho estás en el polo opuesto de su existencia... Aléjate de él... Sálvate". Al cabo de unas semanas de trabajo intenso, así lo hizo.

4. El hombre agresivo-destructor

Pese a que los disparadores de la agresión masculina son variados (por ejemplo, insatisfacción sexual, estrés crónico, desorden antisocial de la personalidad, abuso de sustancias), existe una violencia que se circunscribe principalmente a la relación afectiva.

En el hombre agresivo-destructor la motivación principal del alejamiento femenino es el odio. La agresión manifestada por estos varones no es pasiva como en el esquizoide, sino activa y directa. El conflicto latente con lo femenino se manifiesta en múltiples y violentas rupturas con la mujer de turno. Hay un profundo rencor y una marcada incapacidad de amar a las mujeres. Ellas siempre son vistas como malas, manipuladoras, explotadoras y poco confiables pero, contradictoriamente, deseables. Este hombre no puede amar porque sus energías están concentradas en procesar una ira que ensombrece el amor, lo oculta y lo eclipsa. Su clave, ojo por ojo; su norma, la ley del más fuerte; su motor, la desconfianza. El dilema queda planteado así: "Me alejo con dolor y me acerco con rabia", "No te perdono, pero te necesito".

Como es obvio, suelen ser furibundos machistas y mostrar abierta subestimación por lo femenino, pero no con la apatía y la displicencia que caracteriza a los esquizoides-ermitaños, sino con brutalidad. En estos varones, la ambivalencia frente al sexo opuesto está especialmente resaltada: odian a la mujer y al mismo tiempo la desean con intensidad; precisamente es esto lo que no pueden perdonarse a sí mismos. En cierto sentido, cuando atacan a sus parejas se están autocastigando por débiles, por no tener la valentía de proclamar su independencia de una vez por todas y de ser consecuentes con el rechazo que sienten por ellas. La mejor opción para las mujeres víctimas de esta violencia masculina es escapar, tan rápidamente como en el caso de los ermitaños, pero muchísimo más lejos.

Cuando hablo de violencia no me refiero sólo a la agresión física, deplorable y demandable, sino a la psicológica, no siempre demandable y tanto o más peligrosa que la anterior. El odio puede manifestarse como menosprecio, falta de admiración, rechazos afectivos, críticas permanentes, poca amabilidad, insensibilidad por el dolor del otro, burlas y otras formas de no aceptación. La falta de respeto psicológico no deja marcas visibles, pero es la que más duele. Si alguna mujer intenta valientemente curar el odio de un varón así, saldrá muy mal parada. El hombre agresivo-destructor es como un incendio que se aviva con el agua: a más amor y comprensión, más rencor. En estos casos, con el amor no basta.

5. El hombre veleta

Este hombre es una especie de revuelto afectivo. Es el varón de identidad fluctuante, a quien nadie, ni los psicólogos más experimentados, pueden entender. Posee todos los elementos de los estilos anteriores, mezclados en desorden e intercambiables de acuerdo con su conveniencia. Un poco de culpa, algo de agresión, cierta indiferencia y dosis esporádicas de apego enloquecen a cualquiera. Por lo general, las madres de estos sujetos no han sido muy cuerdas y han generado en sus hijos una total falta de identidad, no ya sexual, sino psicológica. Como si se tratara de una personalidad límite, pero anclada en lo afectivo, estos individuos son impredecibles y altamente contradictorios, ya que se pasan desempeñado todos los papeles al mismo tiempo, sin llegar a consolidar un estilo en cuestión. El conflicto con lo femenino se encuentra en estado puro, posiblemente con la efervescencia de los primeros meses de vida. Estos hombres bordean los límites del amor, lo tocan, lo rozan, lo registran por encima, pero no son capaces de mantenerse durante mucho tiempo en relaciones afectivas estables, entre otras cosas porque la mayoría de las mujeres les huyen. El problema salta a la vista. Pueden llegar a ser algo seductores y mitómanos, pero sin alcanzar a ser el típico donjuán. Cuando una mujer tiene la mala suerte de caer en este agujero negro emocional, es devorada en un instante; se anula y desaparece como persona. La solución para estos casos turbulentos de desestructuración psicológica debe ser categórica y terminante: tratamiento psiquiátrico, medicación abundante y entregarse a la Divina Providencia.

6. El hombre afectivamente estructurado

Este varón ha logrado diferenciarse, sin apegarse y sin crear antagonismos ni rivalidades enfermizas con las mujeres. No le teme a la mujer que hay fuera ni a la que hay dentro. Su estilo afectivo con el sexo opuesto está determinado por un distanciamiento equilibrado, sin odios (hombre agresivo) ni indiferencias (hombre esquizoide), y por un acercamiento sin miedos irracionales (hombre apegado) ni antiguas culpas (hombre sumiso). El hombre estructurado no se somete porque se respeta a sí mismo, ni genera violencia porque respeta a los demás. Sabe qué debe negociar y qué no. No es un dechado de virtudes, pero es capaz de amar. Este nuevo varón no está fraccionado, no se mueve en el incesante vaivén del conflicto atracción-repulsión, ve el dilema, lo admite e intenta superarlo. Sabe que aunque su masculinidad surja de lo femenino, tiene timón propio y un rumbo personal y específico. Entiende que la separación infantil de lo femenino es simplemente el inicio de un proceso para seguir creciendo como hombre.

Reconoce que al atacar lo femenino está violentando una parte muy importante de sí mismo, pero también tiene claro que el hombre blando es un traje prestado de dudosa procedencia, que no le queda bien. Al contrario del machista, que elimina por decreto lo femenil, el varón emocionalmente reconciliado ama su lado femenino, lo cuida, lo incluye en su vida cotidiana y deja que se manifieste cuando así se requiera. De acuerdo con la demanda, puede ser tan maternal como la mujer más tierna o tan furioso como el más bravo de los guerreros, pero luego, cuando la situación se restablece, regresa tranquilamente a su nivel basal y a la potencialidad mixta del *yin* y el *yang* que su masculinidad le permita. Al curarse internamente, no debe hacer demasiados esfuerzos para acomodarse al amor, sólo deja que éste ocurra y se manifieste.

Cuando suelo hablar de este hombre afectivamente estructurado, la respuesta inmediata de algunas escépticas damas es: "¡Dónde están!", como diciendo: "No creo que existan" o "Nunca he conocido uno". Sin embargo, y por fortuna, estas mujeres se equivocan. Aunque no hay muchos, el nuevo varón afectivo, libre de oposición negativa a lo femenino, existe. Pero como resulta evidente, estos hombres no duran mucho en el mercado interpersonal ya que son rápidamente detectados por las consumidoras afectivas. Cada día hay más hombres que se acercan a su lado femenino de manera sana e intentan amar de manera conciliadora. Cada día hay más hombres que aceptan participar en grupos de reflexión masculina, donde se profundiza y estudia con seriedad su papel social y afectivo. El hombre afectivamente estructurado no es un invento, una fantasía o un deseo futurista para el año 3000: existe hoy. En este preciso instante, en el aquí y el ahora, infinidad de jóvenes están tomando como suyas las premisas de una paz generacional con el sexo opuesto. El advenimiento de esta masculinidad amorosa ya es imparable.

Que algunas personas no lo vean es otro cantar. Quizá ciertas mujeres puedan estar sesgando la información a favor de algún esquema maladaptativo, siendo víctimas de hombres no aptos para el amor, respondiendo a viejas experiencias afectivas negativas, visitando lugares inapropiados o simplemente no creando las condiciones adecuadas para que estos reconciliados y pacíficos varones se les acerquen. Es importante no generalizar lo negativo. El dicho popular cuasi feminista: "Todos los hombres son iguales" es estadísticamente erróneo. Duela a quien le duela, hay hombres que han hecho las paces con su feminidad original. Y aunque no resaltan con claridad entre la multitud, están ahí. Podemos ser escépticos, pesimistas crónicos o simplemente no creer, pero como ocurre con las brujas: "Que los hay, los hay".

El conflicto con la paternidad. Sobre el amor por los hijos y el oficio de la paternidad maternal

Como veo las cosas, más allá de cualquier cliché romántico, ser padre es una bendición: ¿qué se puede transmitir más grande que la vida? Reconocemos un origen casi sagrado en la maternidad, pero no le otorgamos demasiada trascendencia al hecho de ser padres. La teoría del instinto maternal (el cual no parece existir, tal como demuestra Élisabeth Badinter en su libro *¿Existe el instinto maternal?*) ha creado un efecto de halo antipaternal y una evidente distorsión sobre su desempeño, como si el varón sufriera de una especie de incapacidad congénita que lo inhabilita para la crianza infantil. Las escenas de papás asustados cargando bebés recién nacidos mientras las felices parturientas, cuñadas y suegras miran con condescendencia la natural torpeza masculina es claramente sexista, además de ofensiva.

Estos estereotipos sociales, manejados y divulgados sobre todo por los hombres, han bloqueado en parte las potencialidades masculinas para ejercer una adecuada paternidad. Mientras que la maternidad es un factor de realización personal donde la felicidad es lo determinante, la paternidad es experimentada por muchos varones con miedo y una enorme carga de responsabilidad. A veces, el sentimiento de alegría por ser padres se ve empañado con preocupaciones de otra índole, y el placer se nos va de las manos. Los hijos sólo son asimilables desde una actitud más positiva. La vivencia de la paternidad debe romper con el angustioso sentido del deber que ha instaurado el mito del proveedor, para regresar a la sensibilidad básica que produce el mero hecho de ser papá. No estoy diciendo que ignoremos los problemas económicos obvios que conlleva la crianza, sino que veamos también el lado bueno de la misma. Crear vida es uno de los hechos más significativos de la existencia humana, y si no alcanzamos a vislumbrar la magia que esto encierra, la paternidad se disipará en un conflicto de intereses, mal planteado e inexistente: "Mis hijos o yo", en vez de: "Mis hijos y yo".

1. El padre ausente

La ausencia masculina en los procesos de crianza es indiscutible. Impulsados por los ya mencionados ideales de estatus, éxito y logros materiales, los padres emigramos al mundo de la competencia y olvidamos a la familia. Muchas veces, cuando tomamos conciencia del distanciamiento, el mal ya está hecho. Algunos de mis pacientes necesitaron de un infarto o un cáncer para darse cuenta de algo tan elemental. Si los padres hombres hiciéramos la cuenta del tiempo real que dedicamos a nuestros hijos, entraríamos en sopor. Por "tiempo real" entiendo estar con los cinco sentidos puestos y toda la atención disponible para ellos.

A diferencia de lo que antes se pensaba en psicología, hoy sabemos que la asistencia y el cuidado paternal son determinantes en las primeras etapas del desarrollo infantil, tanto en animales como en humanos. Los cariños de mamá son imprescindibles, pero si además están los de papá, mejor. Los estudios etológicos y de psicología evolucionista muestran que los cachorros de distintas especies, criados por ambos padres, sobreviven mejor y crecen más rápido que aquellos criados solamente por la madre. En el mundo civilizado ocurre algo similar.

Es a partir de los quince meses en adelante cuando el niño busca la referencia masculina, el otro espejo del que hablábamos anteriormente. Si encuentra a un papá sensible y cariñoso, el alivio es evidente: "Al fin, otro igual que yo", pero si lo encuentra a medias, es decir, física pero no psicológicamente, se ve obligado a movilizar otras energías compensatorias, que hacen más mal que bien.

Evidentemente, ciertos aprendizajes masculinos se facilitan considerablemente si el padre está presente. Hay cosas que, aunque muchas madres las hacen bastante bien, los padres podemos hacerlas mejor. Por ejemplo: responder ciertas interrogantes sobre el desempeño sexual masculino, las preocupaciones que surgen de la socialización con otros niños varones, los miedos frente a la derrota y el fracaso, la conquista femenina, la mejor manera de jugar algunos deportes, los complejos masculinos, en fin, la lista sería interminable. No obstante, pese a la importancia del papel del padre como "educador", la amistad de éste con los hijos es muy importante, sobre todo con los hijos del mismo sexo. El compañerismo y la "complicidad" de género bien entendida fortalecen y aceleran los procesos de aprendizaje social, producen menos prevención hacia las personas del mismo sexo y amplían el rango de comunicación interpersonal. Cuando un padre varón se despoja de su papel aséptico de "transmisor de conocimientos" o "papá proveedor" y se acerca a su hijo desde una experiencia más vivencial y humana, todo resulta más fácil. Ahí, la masculinidad no es ya una especulación conceptual ni literatura barata, sino sentimiento en acción. Parafraseando al biólogo Humberto Maturana: "Los valores se contagian al vivirlos". La paternidad sólo existe y se realiza en la convivencia, lo otro es puro "bla, bla, bla".

Un relato personal puede servir de ejemplo. Mi padre era un hombre extremadamente trabajador y, por lo tanto, ausente. Era agente de ventas y se movía de viaje en viaje. Algunas veces, cuando me daba "papitis", intentaba traspasar la atmósfera de silencio que lo envolvía, pero sin resultado alguno. Él no me dejaba entrar con facilidad ni yo persistía demasiado en el intento. En realidad, me daba miedo conocerlo porque no sabía cuánto dolor iba a encontrar. Nuestra relación siempre estaba mediada por un espacio invisible, por una película aislante de ambas partes, que nos prohibía estar juntos. Desde esa distancia era imposible, para mí, acceder a su experiencia y enriquecer la mía: era difícil aprender de él.

Pero en esta historia de relación hay un antes y un después. Una noche cualquiera, él estaba en el balcón tomando aire, yo había terminado de estudiar y me senté a su lado. Al cabo de un rato, le pregunté si le pasaba algo porque lo veía muy pensativo; él me contestó que no me preocupara, que todo estaba bien.

Pero yo lo veía triste y metido en la maraña de sus pensamientos. Le hablé de unas cuantas cosas sin importancia y volví a insistir sobre su semblante fatigado. Después de unos instantes de mutismo compartido, me confesó que teníamos que dejar el departamento donde vivíamos porque ya no podía pagar la renta, y me pidió que le guardara el secreto y que no le fuera a decir nada a mis hermanas ni a mi mamá. Como es obvio, no supe qué decir. A los trece años no hay mucho que opinar y menos sobre un tema así. De nuevo opté por la prudencia del silencio, hasta que al cabo de unos minutos, para mi sorpresa total, irrumpió abruptamente en llanto. Sin vergüenza alguna, como si yo no estuviera presente, con la indecencia que sólo otorga el sufrimiento, lloró como lo hubiera hecho yo o cualquier otro niño.

Me asusté muchísimo. Ver llorar a un hombre adulto impacta, aún no estamos acostumbrados, pero ver llorar al padre espanta. Por fin, entre tímido y compasivo, atiné a ponerle la mano sobre el hombro y, más tarde, cuando acumulé valor, logré abrazarlo con fuerza y quedarme así un rato, pegado a él. Esa noche me contó muchas cosas de su vida, sus viejos amores (yo pensaba que nunca había tenido uno), sus aspiraciones, sus desengaños, sus locuras de juventud, sus alegrías y sus inseguridades. Desempolvó los archivos del pasado y me los entregó. La capa de dureza que nos había separado durante años había desaparecido. Su masculinidad y la mía, al fin, habían hecho contacto. Pese al dolor y las lágrimas, esa noche fue muy especial porque descubrí al papá hombre, le miré el alma cara a cara y precisamente en ese instante comencé a comprenderlo. Cuando me abrió su corazón, me convertí en su amigo y él en mi maestro.

De todas maneras, tuvimos que dejar el departamento y la vida siguió su curso. Aunque nunca fuimos íntimos, porque a veces la soledad nos distanciaba, las puertas siguieron abiertas de par en par. Si queríamos las cruzábamos, si no, ahí estaba la opción. La verdadera amistad no es otra cosa que eso: una alternativa afectiva dispuesta a ser activada en cualquier instante que se necesite. Si esta posibilidad existe entre padre e hijo se vuelve indestructible, tierna y casi milagrosa.

2. Hacia un padre maternal

¿El sexo masculino posee la capacidad para ejercer una paternidad responsable y afectuosa en la crianza? ¿Existe la paternidad maternal? La respuesta, definitivamente, es sí. En la escala zoológica los ejemplos abundan. El cuidado paternal aparece en los invertebrados, las aves, los peces y los mamíferos. Machos de especies como el cangrejo, el gobio o pez altruista, la rana arborícola, los ciervos ratones, los lobos, los perros salvajes, los chacales, los monos tití y los hombres que asumen la nueva masculinidad, sólo por citar algunos, pueden hacer perfectamente las veces de madres cuidadoras (por ejemplo, dar de comer, lavar, entrenar, jugar y llevar a las crías).

Es interesante señalar que, en muchas especies, el cuidado paternal retrasa el acto reproductivo del macho y permite que los ciclos reproductores de ambos géneros se acoplen en una sincronía común de apareamiento. En estas especies paternales, la competencia sexual de los machos desciende durante la crianza y las hembras pierden momentáneamente su ventaja, en términos de poder sexual. Es decir, si asumimos con seriedad el papel de padres involucrados activamente en la crianza, es probable que nuestra libido baje. Como si la naturaleza nos dijera: "Si vas a dedicarte a esto utiliza todas las energías disponibles, porque la cosa es complicada".

La gran mayoría de los varones con problemas psicológicos tienen malos recuerdos de sus padres hombres, pero no por el daño recibido sino por el afecto negado. Las investigaciones sobre *attachment* realizadas por los psicólogos John Bowlby, Joanne Davila y Rebecca Cobb muestran que la presencia de un padre frío y afectivamente distante es mucho más nociva y peligrosa que un padre ausente. Muchos padres acariciadores y cariñosos con sus hijos varones cambian bruscamente cuando éstos comienzan a crecer. El pensamiento es evidentemente discriminatorio y absurdo: mientras que las hijas se pueden mimar con tranquilidad durante toda la vida, con el hijo varón hay que tener ciertos cuidados especiales: "No vaya a ser que se nos vuelva afeminado". De esta manera, de un día para otro, sin previo aviso de ningún tipo, las reglas cambian. El contacto físico paternal cede su lugar a un nuevo trato, más duro y distante. Si el niño es sensible, este corte repentino se vive como rechazo y, con el tiempo, si no se compensa de alguna forma, puede transformarse en resentimiento o dependencia compulsiva. La creencia irracional de que la ternura, ya sea materna o paterna, produce varones delicados y afeminados, aún está viva en la mayoría de los hombres. Si el asunto fuera tan sencillo, los enemigos de la homosexualidad ya hubieran barrido con ella. La homofobia es una enfermedad.

Retirarse afectivamente de los hijos varones lo único que produce es dolor y pérdida. El hombre posee las mismas necesidades afectivas que la mujer y necesita de las mismas fuentes dadoras de amor. Ya se trate del padre o de la madre, lo que realmente importa para el desarrollo psicológico de un niño es la "presencia afectiva". La estancia física no es suficiente, hay que dar amor en grandes cantidades para que la tarea esté bien hecha; el amor debe sentirse en carne y hueso. El "padre maternal" no es otra cosa que eso: un padre tierno y cariñoso, sensible y compasivo, que interviene activamente en los procesos educativos de sus hijos, ya sea sancionando o administrando normas. Un buen padre se nota y hace bulla.

Es bueno resaltar que si la sanción paternal ocurre en el contexto de los sentimientos positivos, el niño integra la experiencia de manera constructiva, pero si los castigos del padre suceden en un vacío afectivo, sólo dejan daño y resentimiento. Por tal razón, el respeto al padre que se origina en una relación cálida y amorosa siempre estará asentado en la admiración y el agradecimiento. En cambio, los padres que inducen el típico miedo autoritario sólo obtienen un acatamiento por decreto-ley, una aceptación obligada. Cuando les pregunto a mis pacientes, mujeres y varones, qué sienten por su padre y obtengo por respuesta un simple y conciso: "Respeto", durante varias sesiones me quedo investigando su pasado. Un amor reverencial siempre es dudoso.

El nuevo varón quiere comprometerse y participar decididamente en la crianza de sus hijos. Sin embargo, no desea anularse como persona. Ser papá no significa autoeliminación psicológica ni sacrificio ciego, sino integración balanceada de todo lo que la vida representa. Ser padre no implica descuidar la amistad, la recreación, los *hobbies*, la pareja y la vida profesional. Lograr este punto medio no es fácil. Estas aspiraciones masculinas de regresar a la paternidad con prudencia no son mal vistas por el sexo opuesto; todo lo contrario. Los resultados hallados hasta el momento confirman que si la paternidad es asumida con excesivo empeño, las madres pueden generar ciertas resistencias a compartir su papel. Parecería que cualquier cambio en la paternidad debe mantenerse dentro de ciertas proporciones y teniendo en cuenta a la pareja. Como es evidente, hay un acuerdo implícito: *los nuevos varones quieren reivindicar su rol de padres, pero no de tiempo completo, y las mujeres quieren recibir la ayuda sin sentirse desplazadas.*

3. El varón "embarazado"

Aunque no podemos parir físicamente, siempre he pensado que los padres también nos embarazamos. Sin desconocer las dificultades evidentes del embarazo físico femenino, es bueno saber que el varón también pasa por un estado de "gravidez psicológica". Nosotros esperamos, sufrimos, hacemos fuerza, nos asustamos, reímos, lloramos y fantaseamos a la par. Estamos todo el tiempo ahí, sin saber qué hacer y pujando a distancia. Muchos maridos se cambiarían gustosos por sus mujeres, aunque muertos del miedo, al ver la complejidad de un trabajo de parto. Es cierto que no sentimos lo mismo, pero sentimos. No estoy subestimando, ni mucho menos, la labor femenina, sino explicando qué ocurre en el interior del varón. He conocido hombres que sienten las mismas náuseas de la mujer y vomitan más que ellas; he visto a algunos tener contracciones, y a otros hasta cambiar su forma de caminar. No sé si se trata de una imitación, una solidaridad inconsciente o algún tipo de feromona femenina no detectada sino por los hombres, pero nos alteramos y descompensamos. En cierto sentido, también damos a luz; a nuestra manera, pero lo hacemos. Algo ocurre con el varón en estado de gestación, que aún no podemos explicar claramente desde la psicología.

Es curioso ver cómo reaccionan los hombres frente a sus esposas durante la espera de un hijo. Aunque las respuestas psicológicas masculinas al embarazo pueden ser variadas y contradictorias, no obstante es posible definir cinco tipos básicos de varones en estado de gestación.

a) Un primer grupo ni se da por enterado. Para ellos, tener un hijo es como comprar un coche o un problema metafísico de otra galaxia. No se preocupan ni viven la espera, se muestran ajenos y totalmente ignorantes del evento, como si la embarazada fuera la vecina o el hijo fuera de otro. No hay placer ni dudas ni miedo ni celos: nada. El asunto no va con ellos. Cuando por presiones de la mujer se ven obligados a intervenir de alguna manera, lo hacen de mala gana y mal hecho. Es comprensible que semejante actitud genere un rechazo mortal en los familiares de la embarazada y depresión profunda en la mujer. Si hay algún vestigio de humanidad latente en ellos, al nacer el bebé y poder vivenciar de una manera más directa y real la paternidad, comienzan a comportarse de manera normal.

b) Un segundo grupo está conformado por aquellos maridos a quienes les da por el enamoramiento. El sentimiento por sus esposas se hace exponencial. Las adoran, las cuidan, las consienten y las aman profundamente, mucho más que antes de la concepción. En estos hombres, como el envoltorio es doble, se produce una curiosa mezcla entre sus roles de padre y esposo: por amar a su hijo, aman a su esposa, y al amar a su esposa, aman a su hijo. No importa el lugar, la hora o el precio, para ellos no hay limitaciones: "Tus deseos son órdenes para mí"; un genio sin lámpara, dispuesto y listo para lo que quieran mandar. Mientras dure la gestación, será el mejor yerno y el ejemplar marido que ella siempre añoró; pero en cuanto nazca el bebé, sufrirá un inmediato retroceso a sus viejas costumbres afectivas. El "Ceniciento" vuelve al trabajo y a la lucha diaria. Nacido el infante, se acaba el encanto y, otra vez, de príncipe a sapo. Para su mujer, cada embarazo es la oportunidad de sentirse amada, al menos por unos meses.

c) Un tercer grupo está configurado por padres que se sienten relegados. Estos maridos, al enterarse del estado de su señora, se vuelven paranoicos. Un temor oscuro y egoísta los lleva a sentirse desplazados antes de tiempo. Su pensamiento es que ese nuevo ser les quitará el cariño de su esposa o, al menos, los bajará de puesto. La relación con el bebé es claramente ambivalente y de competencia. Aunque disimulen, la preocupación se les hace manifiesta. Preguntan poco, intervienen lo mínimo, evitan el tema e intentan que su pareja cada día se acerque más a ellos, pero no por amor, sino por miedo a perder privilegios. Estos hombres desarrollan una celotipia filial. Aunque al comienzo no suelen aceptar mucho al recién nacido, al cabo de algunos meses se resignan a compartir el amor y los cuidados de su mujer con el nuevo invasor.

d) El cuarto grupo está constituido por aquellos maridos que muestran rechazo por la mujer embarazada. Su fastidio se hace evidente. Estos varones, al enterarse de que van a ser padres, sufren una profunda transfiguración emocional: si antes eran maridos tiernos y delicados, ahora no. La mera aproximación de la mujer les produce incomodidad. Algunos sienten repulsión ante la sola idea de tener sexo, y otros, de manera totalmente irracional e infundada, sienten miedo a lastimar a la criatura que viene en camino. No sabemos, a ciencia cierta, por qué ocurre este fenómeno, pero en esta etapa de engorde un porcentaje considerable de hombres decide ser infiel. Más aún, muchos matrimonios se deshacen en esta época. El marido, que había sido austero en cuestiones femeninas, se convierte en un donjuán empedernido, ávido de nuevas experiencias y desconsiderado con la situación. No es que sean antipáticos y groseros a propósito, simplemente no les nace. Pueden asumir sus responsabilidades y prepararse para recibir al niño en forma adecuada, pero el desamor que sienten por la madre de su futuro hijo es evidente y duele. Un ambiente de frialdad, hasta entonces desconocido, envuelve a la pareja. Estas mujeres suelen ver la posibilidad de otro embarazo con verdadero terror.

e) El quinto grupo está formado por los hombres que disfrutan sanamente de la experiencia de la paternidad sin involucrar a la pareja en forma patológica. Pese al nerviosismo natural que acompaña el acontecimiento, la dicha es plena. La relación con sus esposas no cambia sustancialmente; aunque la calidad de los cuidados mejora (ahora son dos), no se establecen lazos enfermizos de inseguridad o dependencia extrema. Para los varones maduros y equilibrados, el embarazo es una buena oportunidad para estrechar nuevos vínculos con la mujer amada y mejorar los anteriores.

El derecho al amor

El varón, por más que lo pintemos como supermacho insensible, en tanto persona posee la capacidad innata de intercambiar afecto. El amor es la red sutil en la que se asienta la convivencia y el lugar donde prospera lo esencialmente humano. En la ocurrencia del amor, nos mezclamos y nos comunicamos de muchas formas. Es en el amor donde los valores se certifican y donde el lenguaje cobra significado.

El derecho al amor libre y responsable es tan importante como el derecho a la salud y a la alimentación. Sin la opción del amor se cierra la puerta a la vida, tal como lo confirman las enfermedades psicológicas que se originan en las pérdidas y en la soledad afectiva; en el desamor sólo hay desolación. Es en la vinculación con otros cuando de verdad nos reconocemos a nosotros mismos. No hay sabiduría si no hay relación.

La especie humana es increíblemente sensible a la vivencia amorosa. Cada uno de nosotros se comporta como una antena a través de la cual el amor pasa, entra, sale y vuelve a entrar. Repito: el ser humano es un facilitador natural del afecto y un promotor innato del intercambio emocional. Lo masculino y lo femenino, entonces, sólo son modalidades idiosincrásicas de refracción afectiva: dos caras de la misma moneda. Aunque pueda haber diferencias de forma, ambos palpitan y reaccionan ante el impacto energético del amor.

La nueva masculinidad tiene clara conciencia de los obstáculos que no le han permitido realizarse en el amor interpersonal, y por eso intenta superarlos. Ejercer el derecho al amor es resolver el dilema emocional interior a favor de la ternura, sin eliminar la ira saludable que, por derecho propio, nos pertenece;

es acercarse a lo femenino de manera constructiva y sin oposiciones desgastantes; es permitirnos el derecho a la intimidad que genera la paternidad maternal con nuestros hijos, sean mujeres o varones; es dejar de rivalizar y competir ridículamente con otros hombres y fomentar en forma abierta la amistad intermasculina.

Por último, el derecho al amor es poner a trabajar nuestra bioquímica en la dirección correcta. Es poder sentir sin miedos, sin censuras y de cara a la humanidad que nos pertenece. Emocionarse al compás de otros es darle a nuestra vida una nueva sintonía y descubrir que la soledad afectiva no es otra cosa que una mala elección. En palabras de Swami Vivekananda: "¿Qué es el amor humano? Es más o menos una afirmación de esta unidad: ¡soy uno contigo, mi esposa, mi hijo, mi amigo!".

PARTE III

LA SEXUALIDAD MASCULINA

Un problema por resolver

La dependencia sexual masculina

El deseo irresistible y desbocado por las mujeres es una realidad que afecta a la generalidad de los hombres. La gran mayoría de los varones, tarde o temprano, nos rendimos al incontenible impulso que nos induce, sin compasión y desalmadamente, no ya a la reproducción sino al placer del sexo por el sexo. La dependencia sexual masculina se hace evidente en el erotismo que tiñe prácticamente toda nuestra cultura: la demanda es desesperada y la oferta no tiene límites. El incremento alarmante de violaciones, prostitución, abuso infantil, acoso sexual y consumo masivo de pornografía violenta, entre otros indicadores, evidencian que en el tema de la sexualidad algo se nos fue de las manos. Tal como atestiguan recientemente los psiquiatras Benjamin y Virginia Sadock en su libro *Clinical Psychiatry*, la prevalencia de parafilias (un tipo de trastorno sexual) que se producen violentamente y contra la voluntad de las otras personas, como el sadismo sexual y la pedofilia (preferencia sexual por los niños), ha aumentado ostensiblemente. Los hombres mantenemos un liderazgo definitivo en esto de las desviaciones sexuales, ya sean peligrosas, simpáticas o inofensivas. En el masoquismo, que es donde menos mal estamos, aventajamos a las mujeres en una proporción de 20 a 1. Las otras alteraciones como el exhibicionismo, el fetichismo (actividad sexual compulsiva ligada a objetos no animados, como ropa, zapatos, lencería de mujer, etcétera), el voyeurismo (observar ocultamente actividades relacionadas con lo sexual), el travestismo, y el sadismo y la pedofilia que ya nombré, no parecen existir en 99% de las mujeres. Por el contrario, los llamados trastornos del deseo sexual, es decir, desgano por el sexo, son mucho más frecuentes en mujeres que en varones.

El sexo ejerce sobre nosotros, los hombres, la mayor fascinación. De una manera no siempre consciente, pensamos casi todo el día en eso, nos gusta, nos atrae, lo extrañamos, lo necesitamos como el aire y, lo más importante, lo exigimos. Si algún osado varón decide eliminarlo de una vez por todas, sin cirugías y a plena voluntad, la tarea suele quedarle demasiado grande. Mientras que una mujer puede estar tranquila durante semanas o meses sin practicar sexo, el varón normal, al mes o mes y medio, empieza a sentir cierta inquietud interior que luego se transforma en incomodidad, y más tarde en barbarie. La libido comienza a nublarle la vista y a maltratar su organismo, e incluso su inteligencia comienza a debilitarse. Un mal humor y cierta quisquillosidad imposible de ocultar afectan su entorno inmediato, sobre todo cuando amanece. La mayoría de los hombres, salvo honrosas excepciones, como los eunucos y algunos célibes, no sabe ni puede vivir sin esta tremenda fuerza vital funcionando. El sexo nos quita demasiado tiempo y energía. Si esto no es adicción, se le parece mucho. La famosa frase de Cesare Pavese: "Los hombres estamos locos, la poca libertad que nos concede el gobierno nos la quitan las mujeres", adquiere especial significado en lo que a sexualidad se refiere.

La nueva masculinidad quiere canalizar esta primitiva y encantadora tendencia. Jamás eliminarla, no está de más la aclaración, sino reestructurarla, reacomodarla y tener un control más sano sobre ella. No estoy hablando de "asexualizar" al varón, eso sería desnaturalizarlo; el sexo nos gusta y eso no está en discusión. A lo que me refiero es a romper la adicción, a querer más nuestro cuerpo y a diluir un poco más el sexo en el amor, a ver qué pasa. Ni la restricción mojigata, aburrida y poco creativa que maligniza y flagela la natural expresión sexual, ni la decadencia de la sexualidad manifestada en un afán compulsivo y desordenado por el éxtasis, que no nos deja pensar y nos arrastra a lo dañino.

Tres aspectos han colaborado para que la adicción y la decadencia de la sexualidad masculina sean una realidad: el antropológico-social, el cultural-educativo y el biológico. Aunque todos están entrelazados, los separaré para que puedan verse mejor.

1. El culto al falo

Desde tiempos inmemoriales y en casi todas las culturas, estatales, tribales y preestatales, han existido ceremoniales de veneración al miembro masculino, a su tamaño y a sus funciones mágicas. La mitología griega y romana está llena de enredos amorosos donde los dioses varones hacen uso y abuso de sus atributos sexuales. También muchas divinidades menores y criaturas eróticas, como los sátiros y los silenos, los faunos perseguidores incansables de las ninfas y los hijos de Hermes, eran marcadamente fálicas. Pero, sin lugar a dudas, los mayores adoradores del falo fueron los romanos, tal como lo demuestra el filólogo Juan Eslava Galán en su libro *La vida amorosa en Roma*. La fiesta anual del dios Liber estaba representada por un tronco en forma de falo, al igual que el Mutunus Tutunus, que concedía fertilidad a las recién casadas. Un dios especialmente reconocido en el panteón romano era Príapo, hijo de Venus y Baco (el de las famosas bacanales), cuya imagen física marcadamente desproporcionada dejaría boquiabierto a más de un experto en efectos especiales. Incluso, en su honor, se le ha dado el nombre de *priapismo* a una enfermedad que consiste en la erección constante y dolorosa del pene, que puede durar horas y que necesita intervención médica. Los amuletos de apariencia fálica eran de uso común y el mejor antídoto contra el mal de ojo. Se consideraba, además, que cualquier objeto en forma de falo, colocado sobre las puertas de las casas, ejercía un papel protector. La representación del pene erecto aparecía en toda la decoración hogareña romana y por la ciudad entera pero, no obstante, su utilización no obedecía a intenciones pornográficas, sino a la creencia de que el falo era un símbolo saludable de vida.

La adoración fálica adoptó distintas formas rituales a lo largo de la historia. En ciertos pueblos primitivos, y no tan primitivos, las mujeres se frotaban sobre unas piedras verticales fijas llamadas menhires, para aumentar así su fertilidad. Las culturas precolombinas americanas están plagadas de figuras fálicas, en las que destacan su poder curativo y milagroso. El pene también se involucraba a veces en las batallas; los historiadores relatan cómo los guerreros celtas se lanzaban al ataque totalmente desnudos y con sus miembros viriles en erección, como prueba de vigor y potencia, con el objeto de impresionar a sus enemigos (algo similar ocurre en los primates). En épocas más recientes, la veneración fálica se hizo más sutil. Pareciera existir un efecto paradójico: cuando la cultura reprime o intenta bloquear excesivamente la sexualidad, ella se desvía a formas más indirectas de expresión artística, religiosa y social. Por ejemplo, como hace referencia Alan Watts en *Naturaleza, hombre y mujer*, en la Inglaterra victoriana, bajo el imperio de la flagelomanía, las modas resaltaban exageradamente las figuras femeninas mediante el uso de corsés y prendas superajustadas que hoy podrían escandalizar a más de una señora. A su vez, los diseños mobiliarios estaban sobrecargados de curvas sinuosas, eróticas y evidentemente sensuales. La sexualidad es el instinto que menos se doblega.

Muchos pensadores, religiosos, científicos y filósofos también han contribuido a la devoción fálica. Algunos, como Aristóteles, llegaron a atribuir al semen propiedades celestiales, considerándolo un fluido metafísico y la esencia misma de la vida y la identidad. En esa época, el pene se convirtió en el portador de los fluidos cinéticos en estado puro: una expresión de la divinidad. La mujer era considerada un simple reservorio material, un mal necesario para que el varón pudiera transmitir el alma. La personalidad y los caracteres heredados sólo eran responsabilidad del sagrado líquido masculino. Otros, como san Agustín y Leonardo da Vinci, le achacaban al pene vida propia y alertaban sobre los peligros y otras consecuencias interesantes si el falo actuaba según su voluntad. El primero, unos mil años antes, más recatado y religioso, aconsejaba control voluntario a discreción y procreación sin placer para controlar al pequeño travieso. El segundo, más científico y desfachatado, sugería menos vergüenza y más exhibicionismo masculino: vestirlo y adornarlo como si se tratara de una personita y pasearlo con orgullo. Pero tanto para uno como para el otro, el pene era algo que poseía vida propia, y algo de razón tenían si consideramos que la erección es un fenómeno puramente automático.

2. La educación sexual del varón

La sociedad occidental es indudablemente discriminatoria frente a la mujer. La cultura no sólo es más tolerante y permisiva ante la sexualidad masculina, sino que la promueve y anima. Está bien visto que el varón dé muestras precoces de su capacidad de procreación: "Macho como su padre", y no se ve muy bien al hombre casto y sin experiencia sexual. Muchas mujeres aún esperan que sea el varón quien les enseñe. El mundo de las recién casadas está repleto de esposas decepcionadas por la escasa habilidad de sus maridos. Algunas han llegado a creer que la luna de miel es una especie de curso sexual intensivo, donde se pueden practicar maromas y luchas grecorromanas creadas y supervisadas por un marido sobrado en experiencia. La contradicción asoma claramente: mientras que por un lado alentamos la sexualidad masculina en los jóvenes como prueba de virilidad, la ética moral y religiosa predica la abstinencia como una virtud recomendable, tanto para el alma como para el cuerpo. No obstante, la mayoría de los padres y madres, incluso los más estrictos en cuestiones normativas relacionadas con la moral y las buenas costumbres, suelen hacerse de la vista gorda y dejar que el pobre muchacho se desfogue de vez en cuando, eso sí, con altura y corrección.

Uno de los mayores miedos de los padres hombres es a tener un hijo homosexual; por eso, cuantas más muestras de heterosexualidad ofrezca el vástago, mejor. Recuerdo que cuando mi primo tenía cinco años (yo apenas tenía seis) le comentó a su padre, inmigrante napolitano y machista, que si era verdad que los hombres también podían hacerlo entre sí. Aterrorizado por la pregunta, mi tío decidió cortar la cosa de raíz y crear inmunidad de por vida: "¡Cuidado! ¡Los hombres que hacen eso quedan inválidos!". Fue tajante y contundente. Mi primo y yo nos miramos, como diciendo: "¡Qué interesante!". El problema fue que nuestro consejero sexual no previó las consecuencias. A los pocos días, esperando que cambiara un semáforo en rojo, vimos pasar a un señor de mediana edad en silla de ruedas. Nuestra impresión fue enorme. Estábamos observando la prueba viviente de la depravación masculina. La marca del pecado hecho realidad desfilaba tranquila y descaradamente frente a nuestros ojos. No sólo no pudimos disimular nuestra sorpresa, sino que decidimos tomar partido y ser solidarios con la causa de los verdaderos machos. Al instante sacamos la cabeza por la ventanilla y, ante la mirada atónita del pobre señor y demás transeúntes, comenzamos a esgrimir las sagradas consignas: "¡Mariquita!", "¡Mariquita!", "¡Degenerado!", "¡Ya sabemos lo que hiciste!", "¡Mariquita!"... En fin, las arengas fueron tan efusivas y explícitas que mi tío se pasó el semáforo en rojo, no sin antes preguntar si habíamos enloquecido. Necesitamos varias sesiones extra de "educación sexual" para comprender que la cosa no era tan drástica y que había excepciones. En realidad, según la experiencia de mi tío, solamente *algunos* hombres que hacían el amor con otros hombres se volvían parapléjicos.

Deberíamos ser más sinceros con nuestros hijos. Más allá de cualquier juicio de valor al respecto, hay que preparar mejor a los pequeños varones para enfrentar su vida sexual. Se da por sentado que el hombre viene, desde el nacimiento, con el don sexual en su haber, y pese a que la existencia de este instinto es innegable (es posible detectar erecciones en fetos desde los siete meses), no es suficiente para que un buen desarrollo psicosexual tenga lugar. La información inadecuada y distorsionada sobre el tema crea una ambivalencia moral-biológica (pecado *vs.* placer), la cual suele disimularse en una doble vida culturalmente aprobada y amparada en el matrimonio: esposa y moza. Una honesta educación sexual masculina, sin mentiras ni falsos principios, está por construirse; el problema es que no parece haber muchos instructores dispuestos a ayudar. Mientras tanto, millones de hombres se entrenan y aprenden el complejo arte de la infidelidad, sin ser vistos.

3. El placer biológico

Tratando de no caer en reduccionismos organicistas, entre hombres y mujeres hay una tajante diferencia biológica en lo que se refiere a la relación que se establece entre placer sexual y procreación. Aunque en el hombre el goce sexual no siempre está unido a la eyaculación, ya que puede haber orgasmos sin eyaculación o viceversa, casi en la totalidad de los casos, orgasmo (placer) y eyaculación van de la mano. Es decir, para procrear de manera natural (olvidémonos un instante de los bebés probeta y de la fertilización *in vitro*), el varón sólo puede hacerlo desde el placer. Si no hay excitación masculina, es bastante difícil, si no imposible, depositar de manera natural los espermatozoides necesarios para que se dé la concepción. Venimos equipados para sentir el sexo de manera intensa y vigorosa. Hasta hace poco, cuando los métodos artificiales de procreación estaban en pañales y la naturaleza mandaba, la conclusión era definitiva: si se acababa el placer sexual en el hombre, se acababa la especie. Esta hipótesis, más allá de excusar o justificar cualquier exceso sexual masculino o el atropello de los derechos femeninos, simplemente podría estar indicando una de las causas del irrefrenable impulso sexual masculino. Surgen los siguientes interrogantes: si existe una predisposición casi compulsiva a la sexualidad en el hombre, ¿qué ha hecho la cultura para modularla? ¿Educamos a nuestros hijos en el autocontrol sano que busca no violar los derechos de nadie?

La mujer funciona distinto. Aunque ella posee una gran capacidad para sentir y disfrutar del sexo tanto o más que nosotros, el orgasmo femenino no es una condición biológica directa para la concepción. Miles de casos de embarazos producto de violaciones lo atestiguan, como también aquellas mujeres anorgásmicas que son madres; esto es irrebatible. El deseo sexual puede inducir a la mujer a tener más relaciones y aumentar la probabilidad de que quede embarazada, pero esto no implica que el orgasmo intervenga directamente en la gestación. Galeno pensaba que existía un semen femenino imprescindible para la procreación, que al juntarse con el semen masculino formaba el embrión. Esta posición era muy feminista para la época, ya que al ser el orgasmo femenino un requisito esencial para la fecundación, los moralistas cristianos de aquellos tiempos no tenían más remedio que aceptar el placer femenino y reivindicar el derecho de la mujer a sentir. Sin embargo, la posición de Galeno no sólo chocaba con la realidad, sino con los respetadísimos y temibles dogmas aristotélicos que decían lo contrario. Al final de la Antigüedad, Aristóteles era el vencedor, tal como atestiguan san Jerónimo y san Agustín, e incluso Alberto el Grande en el siglo XIII. Pero en los siglos XVI y XVII, los médicos, más orientados al quehacer científico, y un grupo importante de filósofos retomaron nuevamente la teoría de Galeno. La disputa siguió durante cientos de años, sin definiciones drásticas y tratando de quedar bien con los padres de la Iglesia y la ciencia médica. Además, la cosa tenía un claro matiz teológico, porque nadie podía dudar de un placer sexual femenino, pero éste debía tener alguna utilidad para la procreación para que pudiera ser aceptado por la doctrina cristiana. Por último, para resumir la cosa, la salida diplomática intermedia entre Galeno y Aristóteles fue reconocer salomónicamente que, si bien el goce femenino no era condición necesaria para la fecundación, lo era para su perfección: se decía que los niños que habían sido concebidos con placer sexual femenino debían ser más sanos y perfectos que los que eran concebidos sin placer sexual maternal.

En la actualidad, parece haber acuerdo en que el aporte biológico femenino a la supervivencia de la especie, más que el orgasmo, es el afecto y el amor hacia el recién nacido. No hablo del instinto maternal freudiano tradicional, sino de la importancia que la proximidad afectiva adquiere para la conservación de la vida en todo el proceso de gestación y crianza, y más allá. El amor intenso de la madre no sólo garantiza el cuidado prenatal, sino el complejo aprendizaje social posterior del niño (el más prolongado de cuanta criatura viviente existe). Pareciera que la mujer trae una marcada predisposición a disfrutar del "dar afectivo", y no me estoy refiriendo al pernicioso concepto de abnegación, determinista y autodestructivo, al que solían ceñirse nuestras abuelas, sino al acto de amar con decoro. La mayor profundidad afectiva de la mujer respecto del varón es un hecho. Cuánto se debe a factores genéticos o sociales está por verse.

La perspectiva presentada muestra claramente que en la conformación de la dependencia sexual masculina se entrelazan lo biológico y lo cultural de manera compleja. Sin embargo, pese a su larga y aplastante tradición, esta tendencia negativa está comenzando a revertirse. Una sexualidad masculina que se desarrolla fundamentalmente lejos de la adicción, y más cerca del afecto, se está gestando. Este coctel, asombroso y extraño para muchos varones, produce una nueva e interesante forma de éxtasis, más intensa e impactante y mucho más sana. Y es natural, porque cuando la energía sexual masculina se fusiona con la del amor ocurre una gran explosión interior que rebasa todo apego y nos coloca en el umbral de la trascendencia. En realidad, cuando esta comunión se da, estamos tan cerca de la iluminación que no podemos hacer otra cosa que morirnos de la risa.

¿Cuán importante es el afecto para la sexualidad masculina?

1. Primero sexo, después afecto

Si a un hombre común y corriente una mujer desconocida y muy atractiva le pidiera de buenas a primeras que tuvieran relaciones sexuales, no me imagino al supuesto señor diciendo: "No sé... Nos acabamos de conocer... Soy un hombre casado" o "¡Por quién me has tomado!" o "Lo lamento pero no te amo". La gran mayoría de los hombres, en semejante disyuntiva, no dudaría un instante en tirarse al ruedo sin importarle demasiado las consecuencias; al menos, no habría mucha resistencia. Más aún, el estereotipo social del hombre viril y dispuesto no deja demasiadas opciones: un hombre que no acepte las insinuaciones femeninas es definitivamente "dudoso", además de poco caballero. Ésa es la premisa de todo buen semental que se precie de serlo.

La belleza física en una mujer coqueta puede llegar a idiotizar a los hombres. Recuerdo el impacto que produjo Sharon Stone en la película *Basic Instinct* (*Bajos instintos*), cuando hizo aquel inolvidable cruce de piernas, aparentemente sin ropa interior. El impacto en los varones fue de tal magnitud que después de meses todavía se escribían artículos, se hacían programas, mesas redondas y todo tipo de foros para debatir el movimiento de la bella actriz. Más recientemente, un desfile de modas de ropa interior produjo revuelo porque una joven modelo desfiló con un traje de baño "seda dental" y con una minúscula florecita en cada seno, que cubría sólo el pezón. Todos los medios de comunicación dedicaron un espacio considerable a comentar sobre las profundas implicaciones del tamaño de la prenda, los muslos, las caderas, el busto de la señorita y qué bien sujetadas estaban las florecitas que cubrían sus pezones. Los entrevistadores hombres, periodistas de talla internacional, no sólo perdían la compostura sino también parte de su reconocido talento. Algunos decían "admirar" las caderas, otros "respetaban" la rótula, el peroné y la tibia de la entrevistada, y la mayoría emitían sonidos guturales mientras rendían pleitesía a las proporciones cintura-cadera de la encantadora muchacha. Las preguntas más sensatas provenían de las periodistas mujeres.

Siempre me he preguntado qué puede sentir una mujer atractiva y de buen cuerpo en un mundo de hombres desesperados por poseerla. Supongo que por un lado, el poder más tremendo, y por el otro, el hartazgo del acoso sexual. Pero además, de alguna manera, debe estar presente el miedo a envejecer. El culto a la belleza femenina, instaurado por el deseo masculino y mantenido por la punzante crítica de las propias mujeres, ha creado un culto por la juventud y las proporciones, que raya en lo obsesivo. La sagaz Agatha Christie caricaturizaba así la cosa: "Un arqueólogo es el mejor marido que una mujer pueda tener; cuanto más envejezca ella, más se interesará él". Habría que preguntarse qué podría ocurrirle psicológicamente a un hombre muy buen mozo y sexy frente a una feminidad donde, si bien existe la sexualidad, el afecto también tiene mucho peso. Parecería que las mujeres son más benévolas con nuestro físico.

Los hechos hablan por sí solos: *el afecto no parece ser tan importante para los hombres a la hora de establecer relaciones sexuales, al menos en el inicio.* Sin embargo, a excepción de los famosos "caprichos genitales", el afecto es el principal factor de mantenimiento de lo sexual. O dicho de otra forma, el amor garantiza la duración del deseo. No importa cuántas cirugías, liposucciones y mesoterapias se haga la mujer: si el hombre no la ama, tarde o temprano la candela se acaba. Los métodos artificiales, si no hay afecto, sólo prolongan la agonía del deseo: *el amor es el mejor cirujano estético.*

Cuando un varón se satisface sexualmente con una mujer por la que no siente sino atracción física, al cabo de un rato sale despavorido. Escapa de inmediato, porque una vez eliminado lo fisiológico solamente quedan el hastío, la saciedad y el disgusto. La mujer, que minutos antes podía haber hecho de él lo que quisiera, pierde de inmediato su poder y la ventaja se invierte. La eyaculación se lleva toda atracción, y el varón queda, por así decirlo, agotado y libre de todo apego (al menos por unas cuantas horas o días, hasta que las hormonas vuelvan a alborotarse).

Los hombres no solamente somos capaces de separar el sexo del afecto, sino que a veces les hacemos tomar rumbos opuestos. Como decían algunos abuelitos de aquella época: "La esposa es para respetar y la amante para gozar". Muchos varones se encaprichan con un cuerpo y quedan atrapados exclusivamente en el placer que les brinda la compatibilidad física, casi morfológica, donde ni siquiera la belleza tiene mucho que ver. Eso no es amor, sino obstinación sexual. Podemos babear de ganas, pero es imposible enamorase de una estructura ósea y corporal al margen de quien la lleva. Podemos adherirnos como una hiedra, pero no más. Lo que uno realmente ama es el ser que está metido en la vestimenta de lo físico. En el contexto del amor, la piel acaricia, y en lo sexual, solamente excita.

La regla queda definida de la siguiente manera: *el hombre entra por el sexo, y si encuentra lo que le gusta, llega al amor; si no es así, se regresa. La mujer entra por el amor, y si todo va bien, llega al sexo. Cuando la cosa funciona, nos encontramos en la mitad del camino*. Los hombres tenemos claro que si la mujer nos gusta como persona, el deseo sexual simplemente es la llave para seguir avanzando.

2. El equilibrio afectivo-sexual en la vida de pareja

Por todo lo dicho hasta aquí, queda claro que la relación que se establece entre sexo y afecto, y las ponderaciones que hombres y mujeres hacemos al respecto, son determinantes para comprender muchos problemas de pareja. Para la mayoría de los hombres, una relación afectiva sin sexo es inconcebible, además de insoportable. Para las mujeres, una relación de pareja sin cariño es insostenible y aterradora. No quiero decir que lo sexual no sea importante para ellas sino que, sin afecto, es incompleto. Los problemas comienzan cuando se rompe el equilibrio entre las necesidades de uno y otro. Mucho amor y nada de sexo, o viceversa, predisponen a la ruptura.

G. y R. llevaban quince años de casados. Ella (G.) era una mujer de treinta y cinco años, arquitecta y excelente madre de tres hijos. Él (R.), un profesional de las finanzas de treinta y siete años, económicamente exitoso y muy buen padre. Pese a tener todas las condiciones a favor, algo andaba mal, o muy mal. R. se sentía sexualmente insatisfecho: "Ella es una mujer muy fría... No es que no acceda a tener relaciones, incluso pone de su parte, sino que no se suelta... Yo no la veo disfrutar... No toma la iniciativa... Imagínese que lo hacemos una vez por mes... Creo que nunca ha tenido un orgasmo... Me gustaría que fuera más sensual, más atrevida... Más ardiente... Sueño con una mujer más apasionada, a quien le guste ser creativa en la cama y que no vea la relación sexual como una obligación, sino como el mejor de los placeres... El otro día le pedí que me hiciera un *strip-tease* y casi me mata... Me pregunto, ¿qué le cuesta hacerlo si sabe que eso me hace feliz? Es como si yo tuviera hambre y ella no quisiera darme el pan que le sobra... Ya estoy cansado de esta situación... Usted entiende que si la cosa sigue así, no respondo". G. estaba igual o peor de insatisfecha, pero por otra razón: "A veces lo odio... Él no ha podido entender que las mujeres necesitamos cariño y afecto... No sé si seré muy anticuada, pero a mí me motivan los ambientes románticos... Eso de venir y montarla a una como un animal, no me gusta... Yo necesito ternura, cariño... Sentir que me admira y me quiere... No entiendo por qué no me da lo que necesito... A veces pienso que no me ama... [*llanto prolongado*] Si quiere a alguien que le haga locuras en la cama, ¡que se busque una prostituta!... Nunca tiene una palabra linda para mí... Los hombres me miran y yo sé que soy atractiva, pero soy fiel... Yo lo amo de verdad, pero si la cosa no cambia, creo que es mejor que nos separemos".

Ellos estaban inmersos en la disputa de nunca acabar: sexo *vs.* afecto. Alguien tenía que empezar a ceder. Pero R. se había criado en una familia muy poco comunicativa y expresiva. Su manera de expresar afecto estaba bastante restringida, y no era una persona asertiva en el amor. G. había sido educada bajo el patrón religioso tradicional y su familia era archiconservadora. Mostraba cierta timidez social y una evidente inhibición a todo lo que tuviera que ver con lo sexual. Para ella, el afecto era una especie de refugio para manejar su ansiedad y poder vivir más tranquilamente su sexualidad. La paralización era de ambos lados. El verdadero miedo de fondo era el mismo: no satisfacer a la pareja. ¿Quién debería dar el primer paso?

Al cabo de varias citas, R. reconoció que era él quien debería iniciar el proceso terapéutico. Los bloqueos psicológicos que presentaba G. necesitaban mucha paciencia y tiempo, y aunque los impedimentos afectivos de R. también mostraban un grado de dificultad considerable, era más fácil para él abrazar, besar y acariciar, que para ella liberarse sexualmente. *El afecto es la puerta que primero debe abrirse en todos los casos de pareja*. Cuando R. fue cambiando, G. también. A veces había retrocesos, pero lentamente, y guiados por el vínculo que los mantenía unidos, lograron acoplarse. Creo que G. jamás bailará la "danza de los siete velos" o visitará a escondidas un *pornoshow*, pero logró avanzar significativamente en su capacidad y exploración sensorial. R. tuvo que hacer un esfuerzo para comprender que "sexo no es igual a orgasmo", y ampliar su vivencia de la sexualidad para darle cabida a más cosas; su entrenamiento consistió en entender el funcionamiento sexual femenino desde una nueva perspectiva. Aprendió a crear los ambientes previos propicios para que G. se sintiera cómoda, a acariciarla, a convertir la paciencia en parte fundamental del placer y a ver la sexualidad como parte del amor. R. asimiló una nueva manera de disfrutar. De hecho, al ver que ella sentía placer, más se motivaba a seguir con las recomendaciones que, más que ejercicios sexuales tipo Masters y Johnson, eran estrategias de acercamiento afectivo. R. descubrió algo muy importante para cualquier ser humano, pero especialmente para el hombre: *si se desea recibir, hay que dar*.

Para la gran mayoría de las mujeres, el afecto puede ser tan incitante como la más poderosa de nuestras fantasías. En verdad, si creamos un vínculo afectivo sólido, todo es posible. Si el varón se convierte en un dador sincero de afecto, estará abriendo puertas desconocidas. Y si además cuenta con algo de suerte, hallará que, detrás de su apacible y mesurada mujer, posiblemente se esconda una Afrodita alocada, con un toque de Cleopatra y mucho de Mesalina.

3. El buen amante

Todavía hay varones que miden su masculinidad por el rendimiento sexual cuantitativo que logren alcanzar. Por ejemplo, una creencia que aún se fomenta en el ambiente masculino es que la eyaculación retardada es una de las cualidades básicas que todo buen amante debe poseer para satisfacer a una mujer: "Cuanto más tardo, más disfrutan". Esta afirmación, además de incorrecta, muestra un claro desconocimiento de lo femenino. Para la mayoría de las mujeres, el eyaculador tardío, aunque pueda producir satisfacción sexual, deja serias dudas afectivas: "¿Será que no me desea o no le gusto lo suficiente y por eso tarda en eyacular?" o "Si realmente me deseara mucho, no aguantaría tanto". Un hombre sexualmente aguantador no es sinónimo de buen amante ni mucho menos.

Vale la pena resaltar que el desempeño sexual masculino es especialmente sensible y fácilmente alterable por diversas variables que no siempre son afectivas. Por ejemplo, la impotencia puede estar relacionada con ausencia de deseo, pero también con un deseo incontenible que produce en el varón miedo a fracasar y, por tanto, debilitación de la erección. El estrés, un mal sueño, el cansancio, el ejercicio físico excesivo, una mala alimentación, las preocupaciones y las obligaciones bancarias, entre otras muchísimas causas, pueden ser tan buenos o mejores predictores del trastorno que el desamor. Un consejo útil para las mujeres: *el comportamiento del miembro viril no parece ser un buen test para medir el amor interpersonal.*

Una sexualidad más sana debe comenzar por acabar con el mito del semental y ejercer el libre derecho a fracasar en la cama, al menos desde el punto de vista del rendimiento sexual. Es absurdo medir al varón por el número de orgasmos y de espermatozoides por minuto. En determinados sectores de la población latina, aún se escuchan calificativos como "Fulanito *no sirve*", refiriéndose a hombres estériles o poco dispuestos al coito. La importancia del linaje y el discutible honor de transmitir el apellido han creado una valoración excesiva del atributo reproductor. Mientras que la mujer estéril es vista con consideración, el varón estéril es evaluado como defectuoso e incompleto. Un hombre que no es reproductor no es tan hombre. Si se considera la importancia excesiva que la sociedad otorga a la potencia reproductora masculina, es entendible que algunos varones casados con este tipo de dificultades desarrollen depresión, ansiedad, culpa y serios problemas de autoestima. Se ven a sí mismos como imperfectos, carentes de hombría y con cierta "invalidez viril" que les impide hacerse merecedores del amor femenino.

Pero para consuelo de algunos, el drama de la esterilidad masculina parece ser un problema más generalizado: *la calidad y la cantidad de semen está disminuyendo alarmantemente en los hombres*. En los últimos cincuenta años, el varón medio ha disminuido el número de espermatozoides por mililitro a la mitad (de 113 millones en 1940, a 66 millones en 1990), así como el peso de sus testículos. Como señala el profesor Bryan Sykes en su texto *La maldición de Adán*, según estudios recientes, existe un marcado incremento en la esterilidad masculina debido a una alteración genética, lo cual podría dentro de algunos años separar el placer sexual de la procreación y, por lo tanto, el futuro será escrito en femenino. ¿Esto no hará que los hombres nos veamos obligados a enfrentar nuestra propia destrucción? ¿Será la "maldición de Adán" una enfermedad masculina del nuevo milenio o un castigo divino por los exabruptos sexuales masculinos?

El buen amante, por si a alguien le interesa, no se mide por el tamaño del pene (no tiene nada que ver) ni por la eyaculación tardía (que no es otra cosa que una disfunción sexual tan preocupante como la eyaculación precoz) ni por el número de orgasmos por minuto (eso es más importante en los ratones y los gorilas). Al buen amante hay que buscarlo en "el antes" y "el después" del acto sexual, en los prolegómenos y en las despedidas. La nueva sexualidad masculina es una experiencia encantadora y fascinante, que necesariamente debe tocarse a cuatro manos y a toda máquina. En su *Informe sobre caricias*, Benedetti explica bellamente la importancia de este "toque" especial:

1

La caricia es un lenguaje;
si tus caricias me hablan,
no quisiera que se callen.

2

La caricia no es la copia
de otra caricia lejana,
es una nueva versión
casi siempre mejorada.

5

Como aventura y enigma,
la caricia empieza antes
de convertirse en caricia.

6

Es claro que lo mejor
no es la caricia en sí misma
sino su continuación.

La fidelidad masculina: ¿utopía o realidad?

1. Algunas comparaciones hombre-mujer

La fidelidad, tal como he dicho en otros escritos, no es ausencia de deseo sino autocontrol y evitación a tiempo. Siempre existe en el tema de la fidelidad una dimensión ética y estética.

La infidelidad podría definirse como la ruptura engañosa (si se quiere desleal) de un pacto afectivo/sexual preestablecido, que podría ser de exclusividad (monogamia radical) o no exclusividad (parejas libres). Tanto hombres como mujeres pueden caer presas del influjo de la seducción y tirarse una cana al aire cuando el deseo es más fuerte que la razón. La diferencia fundamental entre hombres y mujeres en cuanto al tema de la infidelidad (además de la mayor frecuencia en los varones) radica al menos en tres aspectos reales.

En primer lugar, la mujer es capaz de contextualizar su deseo primario en factores más elaborados cognitivamente, es menos arcaica y más refinada. Un adonis que además posea humor, inteligencia, clase y salud, en general, cotiza más que un semental bien dotado (aunque, tal como dice una amiga, todo depende de los atributos físicos del semental en cuestión). Por su parte, el hombre contextualiza menos su aventura, es más burdo, menos minucioso y suele valorar mucho menos otros atributos que exaltan el erotismo.

En segundo lugar, en los enredos afectivo-sexuales, ellas poseen un mayor autocontrol, una mayor vigilancia y cuidado ante los imponderables que los varones, debido posiblemente al costo social (recordemos que para las sociedades machistas las mujeres son santas o rameras) y a la violencia irracional de sus parejas.

En tercer lugar, y como consecuencia de lo anterior, las mujeres infieles tienden a dejar menos rastros. Mientras que el típico varón "macho" se pavonea y es descarado con sus relaciones extramatrimoniales, ya que la infidelidad aumenta su estatus, la mujer que decide ser adúltera se aproxima al crimen perfecto. La habilidad de engañar sin ser visto en el varón deja mucho que desear. Las pistas suelen ser tan evidentes que hasta Mr. Magoo en persona las detectaría. A veces el infractor parecería haberse dejado sorprender a propósito. Una de las explicaciones psicológicas que se da a este *lapsus infractoris* es el de las ganancias secundarias. Cuando el varón es descubierto pueden ocurrir, entre otros, dos beneficios básicos: reafirmar su machismo mostrándole a la mujer que "aún cotiza" y eliminar la culpa y el peso de ser infiel ("Ayúdame a salir de ésta"). La primera es una manera estúpida de recordarle a la pareja quién es quién, y la segunda una forma de redimirse ante la humanidad no muy valiente.

Por lo general, la mayoría de las personas, hombres y mujeres, perdonan la infidelidad de sus parejas si sólo se trata de una aventura ocasional y casi siempre les conceden otra oportunidad, lo que no ocurre si el engaño es continuado y con la misma persona (según algunos expertos en el tema, una relación estable de amantes dura en promedio alrededor de dos años). Cuando la infidelidad ocasional se convierte en costumbre y la consentimos pese a estar en desacuerdo, comenzamos a negociar con los principios. Una de mis pacientes prefería compartir su marido con otra a perderlo y quedarse sola. El esposo, haciendo gala de una extraña forma de honestidad, le contaba con lujo de detalles todo lo que hacía con la otra mujer, mientras ella se limitaba a "comprenderlo" y a esperar que algún día cayera en la cuenta de su error. En otro caso, igualmente dramático, un hombre ya mayor llevaba dos años aceptando que su mujer tuviera un amante, para evitar el costo social de la separación y que sus hijos sufrieran con la noticia.

2. El "donjuanismo" o el problema de la seducción compulsiva

Además de la premura biológica sexual, también hay que buscar la infidelidad masculina en la desatinada necesidad psicológica de algunos varones de autoafirmarse en la conquista: "Cuantas más mujeres tenga, más macho soy", o de una manera más belicosa: "Cuantas más conquistas logre, más poderoso seré". A la manera del más valiente de los adelantados, el conquistador empedernido va acumulando trofeos afectivo-sexuales de todo tipo. Conozco a hombres que si pudieran coleccionar las prendas íntimas de sus conquistas femeninas, las expondrían como las cabezas disecadas que obtienen los cazadores de safari.

La leyenda del donjuán, aunque ya hace su aparición en la Edad Media, cobra su máximo apogeo durante los Siglos de Oro. Tirso de Molina, en *El burlador de Sevilla*, y Alfonso de Córdoba, en *La venganza del sepulcro*, al igual que Calderón de la Barca, Lope de Vega y Cervantes, sólo por nombrar a algunos de los más importantes, dejaron plasmada la personalidad de un prototipo de hombre que, con seguridad, reflejaba algunos aspectos reales de la picardía masculina de la época. Con una vida dedicada principalmente a enamorar por enamorar, y a coronar sus objetivos cuasi militares, el don Juan se mostraba con la finura de la nobleza, la generosidad del adinerado, la elegancia y el porte del caballero, la arrogancia del poderoso y la valentía del colonizador. Sus hazañas eran envidiadas por los hombres y deseadas por muchas mujeres. Realmente, un peligro.

El moderno atesorador compulsivo de conquistas femeninas ha mantenido al menos dos características básicas de su ilustre y patológico antecesor.

La primera está relacionada con la forma de abordar a su víctima amorosa. Para el típico seductor, en el amor como en la guerra, el fin siempre justifica los medios, y como en realidad se trata precisamente de invasiones y ocupaciones, el donjuán no escatima recurso alguno: arremete una y otra vez, corazón en ristre, propone matrimonios a diestra y siniestra, jura amor eterno en vano, llora cada vez que se necesite hacerlo, intenta suicidarse, hace regalos fastuosos, escribe poemas que harían parecer ordinario a Cyrano e, incluso, de ser necesario, sería capaz de acceder por la fuerza al lecho de su amada; en fin, ya sea galanteo o forcejeo, el despliegue de tácticas y estrategias no tiene límites ni cansancio. Como se trata de un "enamorador profesional" no necesita sentir, sino simplemente hacer lo que haría cualquier enamorado. Más aún, el sentimiento sería un estorbo y el acabose total de su accionar. El cortejo sólo necesita ser interpretado adecuadamente, de acuerdo con los cánones sociales que ellas esperan y, por eso, parte del éxito está en conocer a cabalidad los puntos débiles de las mujeres, activarlos y mantenerlos despiertos el tiempo mínimo para que se rindan a sus pies. El donjuán es un encantador de serpientes y un exacerbador de vanidades. Cuando ataca, es certero, inclemente, frío, desconsiderado y mortal.

La segunda regla que guía las maniobras donjuanescas es hacer que muchas de ellas desfallezcan felices de haber sido "amadas", pese a su humanidad. Más de una inmolada con problemas de autoimagen repetiría gustosa el sacrificio: "Muero contenta, alguien, ¡al fin!, se ha fijado en mí". No importa ser una ficha más de colección, al menos se es parte de un gran coleccionista. Algunas mujeres, afortunadamente cada vez menos, a sabiendas de que se trata de una farsa, deciden vivirla como si fuera un cuento de hadas: "¿Quién podrá quitarme lo bailado?".

Cuando el donjuán toca la fibra adecuada de alguna mujer insegura no sólo crea una nueva pieza de repertorio, sino una esclava de por vida, orgullosa de servirlo.

El verdadero donjuán, cuando corona, jamás vuelve a la escena del crimen porque pondría en peligro su reputación. Si regresara, estaría esperando repetir la dosis de placer con la misma persona, lo cual no solamente dañaría su reconocida insensibilidad, sino que correría el riesgo de apegarse o, en el peor de los casos, de enamorarse. El donjuán jamás muere por una estocada, un balazo o una golpiza; por el contrario, eso lo reafirma y lo hace renacer de sus propias cenizas. Este siniestro personaje deja de existir cuando se enamora. El amor lo acaba y, al mismo tiempo, lo cura, porque le quita la motivación fundamental de seguir por seguir, lo alivia de su compulsión, le quita el sentido enfermizo de su vida, le absorbe la pasión del explorador y el reto fundamental de la conquista. En otras palabras, lo humaniza.

Pero en cierto sentido, el amor también lo independiza. Porque afirmarse en el número de mujeres seducidas no es otra cosa que depender de ellas. Cada "sí" femenino es un parte de victoria con sabor a derrota. La masculinidad del donjuán se configura en la necesidad de la aprobación femenina: "Necesito que las mujeres me acepten para sentirme hombre", pero no una o dos, sino todas. "Si cotizo, soy varón."

El seductor recalcitrante es un hombre inconcluso e indefinido, tratando de hallarse a sí mismo por el camino equivocado. La admiración o la envidia que otros varones puedan sentir de sus "hazañas" engrandecen su ego, pero no le dan seguridad: la confianza sólo proviene del sexo opuesto.

El donjuán no ha resuelto su problema de identificación; aún permanece aferrado a la madre y al falso resguardo de no querer evolucionar hacia su propio ser masculino. Es la variante más peligrosa del hombre apegado-infantil. En la desesperación por hallar un rompecabezas donde pueda encajar, vuelve añicos todo lo que encuentra a su paso. Golpea y lastima por impotencia, pero no por venganza. El donjuán no odia a las mujeres, las necesita para sobrevivir, de ahí su gran debilidad y adicción a ellas, lo que lo vuelve un enemigo público afectivo. El donjuán se mueve en una dimensión oscura e insondable, donde no puede ver con claridad y menos aún sentir. Pero si el amor hace su aparición y Cupido lo atraviesa de lado a lado, puede ocurrir el milagro.

La conquista sexual masculina: un desgaste agotador

1. La conquista del macho en el mundo animal

Por alguna razón todavía no identificada por los biólogos, el ciclo reproductivo en la naturaleza ha sido organizado de una manera especialmente exigente para los machos. En todas las especies animales, la actividad sexual requiere una inversión de tiempo y esfuerzo sorprendente, que muchas veces es nefasta para la propia supervivencia. Es realmente impresionante ver el gasto competitivo, ya sea intimidando a los rivales o persuadiendo a las hembras, al cual deben recurrir los machos para cumplir su designio reproductor. Parecería que en toda la escala zoológica, la misión del sexo masculino es la misma: reproducción a cualquier precio. Algunos ejemplos hablan por sí solos.

Se ha encontrado que las cabras montesas de cuernos más largos son sexualmente más exitosas, pero este éxito tiene un costo: mueren más jóvenes. Los investigadores han demostrado que la causa de su muerte prematura se debe al gasto que ocasiona tener que estar defendiendo constantemente a sus hembras de otros machos. Esta "defensa del harén" elimina gran parte de las reservas de grasa necesarias para sobrevivir en el invierno y, por lo tanto, envejecen o fallecen antes que aquellas cabras de cuernos más pequeños. Parecería que en el reino animal los "cuernos" también son un problema.

La exhibición sexual del ave del paraíso de Nueva Guinea consiste en fabricar un paisaje completo para atraer a las hembras. Primero limpia un tronco grueso y fuerte, luego teje a su alrededor una especie de manta y la decora con flores, alas de escarabajos fosforescentes y frutos. Después, hace un techo de un metro de largo y una ventana donde pueda ser observado desde fuera por las interesadas. Para darle un toque de distinción a la construcción, coloca un tapete de musgo a la entrada, que adorna nuevamente con frutos y flores. Para terminar, rodea todo el lugar con una cerca pequeña. Cuesta creer que toda esta inversión de recursos esté destinada exclusivamente a la conquista. Claro que el saltamontes americano común no está mejor que digamos, ya que su forma de cortejar consta de un especie de baile de dieciocho posiciones diferentes, más complicado que la salsa y el tango arrabalero juntos. Y la razón, una vez más, es definitiva: cuanto mejor ejecute su danza, más novias tendrá.

La regla está definida como sigue: mientras que las hembras muestran un mayor grado de eficiencia y distribución adaptativa de sus recursos básicos de supervivencia, los machos hacen gala de un despilfarro lamentable y de unas extravagancias seductoras poco prácticas y, en muchos casos, peligrosas. ¿Por qué es así?

Según los expertos, el ciclo reproductivo está definitivamente monopolizado por las hembras y, por lo tanto, a los machos les toca competir por sus favores, incluso cuando el número de hembras es mayor. Y esto no es machismo, sino hembrismo. Toda la estructura biológica animal gira alrededor de un desfase de apetencias sexuales, donde el poder está concentrado en quien menos necesite sexualmente al otro. Fred Hapgood, en su libro *¿Por qué existe el sexo... masculino?*, dice al respecto: "Todo esto [la competencia por las hembras en el mundo animal] parece una imagen muy directa de un sistema bastante común donde las hembras son todas altamente deseables por igual a los machos, y todos los machos uniformemente poco interesantes para la hembras".

En casi todos los cortejos de apareamiento, el macho debe rivalizar para obtener los encantos femeninos. Ya se trate del secuestro de la hembra, como ocurre con la abeja de la arena, de la lucha agresiva y directa que utiliza la serpiente no venenosa, del llamar la atención de manera incansable como lo hace el salmón, de la definición de territorios de exhibición masculina, como ocurre en millones de las libélulas macho, o del derecho de residencia que marca el león, siempre hay que generar algún tipo de confrontación de género. Peleamos y nos matamos por ellas. Incluso los espermatozoides compiten. De doscientos millones de células espermáticas, sólo triunfa una. El óvulo los llama químicamente, los seduce, los atrae hasta que queden unos cuantos: los más aptos. Por último, con el poder que le confiere la naturaleza, el óvulo decide quién es el donante.

Los machos braman, chillan, corretean, saltan, lanzan destellos, gritan, aúllan, bailan, corren, hacen cualquier cosa con tal de ganarse el derecho a la reproducción sexual. Es tanto el apremio, que algunas especies han creado métodos indirectos para salvar su honor y, de todas maneras, procrearse. Por ejemplo, ciertas sabandijas insertan su propio esperma en el conducto espermático de otros machos, para garantizar así que sus genes sean transmitidos: un acto sexual indirecto. Algunos gusanos parásitos, después de aparearse, sellan el tracto genital de la hembra con una secreción coagulante, creando un verdadero cinturón de castidad bioquímico. En cierto tipo de moscas, el macho suelda, por así decirlo, sus genitales con los de la hembra, para no ser removidos jamás. La lista de estratagemas que utilizan los machos para competir sexualmente entre sí es interminable; y todo por las hembras, por el placer de fabricar vida en ellas.

2. La conquista del varón en el mundo civilizado

El abrumante panorama animal presentado adquiere en el mundo de los humanos matices distintos, aunque la tendencia básica subsiste: *la energía libidinosa sigue siendo el motor*. Los rituales de conquista masculina crean un derrotero más amañado, menos cruento y más civilizado, pero igualmente competitivo, desgastador y, la mayoría de la veces, tonto. El cortejo social interpersonal, especialmente en los varones, aporta nuevos ingredientes culturales, como mentir, exagerar, esconder, disimular, utilizar prótesis, aparentar, fingir y engañar. El galanteo humano está diseñado para exhibir las cualidades y sacar partido de ellas, o inventarlas si fuera el caso.

Ovidio, poeta y pensador romano, algunos años antes de Cristo, publicó un manual para seductores llamado *Ars amandi*, cuya traducción es el *Arte de amar* (nada que ver con Fromm). El manual consta de infinidad de consejos para triunfar en el arte de la seducción. El éxito del texto fue de tal envergadura que el emperador Augusto lo consideró una de las causas de la corrupción moral reinante en Roma, así que lo prohibió y desterró al pobre Ovidio.

Aunque el escrito también va dirigido a la mujer, la parte central se refiere a cómo seducir y mantener el amor femenino. El autor no escatima esfuerzos para animar a los varones: "Hasta aquella que creas más difícil se rendirá al fin"; advierte sobre el poder de la paciencia: "Tal vez recibas una ingrata contestación, pidiéndote que ceses de solicitarla; ella en su fuero interno teme que la obedezcas y lo que quiere es que sigas insistiendo"; recomienda el acoso sexual moderado como forma de halago: "A todas les gusta que se lo pidan, tanto a las que lo conceden como a las que lo niegan"; alerta sobre el riesgo de que una vez hechos los regalos, la dama se niegue a dar más: "Los regalos que le hubieras hecho podrían obligarla a abandonarte, y de momento se lucraría de tu generosidad sin conceder nada a cambio. Por esto hay que mantenerla en la esperanza de que recibirá mucho más. Que confíe en que siempre le vas a dar lo que nunca pensaste... No seas parco en prometer"; recomienda dar la impresión de poseer cierta cultura general, aunque no se tenga: "Si alguna muchacha te pregunta los nombres de los reyes vencidos y por las tierras, montes o ríos que figuran en la procesión, responde a todo y afirma lo que no sabes como si lo supieras perfectamente"; y también sugiere un estilo expresivo particular: "El amante ha de estar pálido..., que el semblante demacrado manifieste las angustias que sufres..., para alcanzar tus deseos debes convertirte en un ser digno de lástima; que quien te vea exclame: está enamorado".

Como resulta evidente, el costo de este tipo de conquistas, más que la grasa de la cabra (como en el caso de las cabras montesas descrito anteriormente), es la integridad personal. A la larga, vamos en pos de lo mismo que persiguen nuestros predecesores animales, pero de una forma mucho menos honesta y elegante. El *Ars amandi* es el arte de engatusar mediante la mentira y la propia deshonra. El ave del paraíso arriba mencionada se cansa y fatiga en su seducción, pero embellece el ritual porque no necesita mentir; lo ennoblece y lo enriquece con lo que verdaderamente es.

La humanización de la conquista requiere dar un gran salto cualitativo, donde la aproximación del varón a la mujer permita un contacto más pacífico, menos depredador y sin tanta premura sexual. La mayoría de las veces, cuando nos acercamos a ellas, el deseo nos nubla la mente y otras funciones. Al estar absorbidos y empujados por la necesidad sexual, no alcanzamos a reconocerlas como personas. Ni siquiera las vemos. Muchos hombres, luego de la conquista y la culminación del acto, no se acuerdan del rostro de la mujer con la que estuvieron. No tienen la más remota idea de cómo piensa, qué hace, cómo vive y qué siente aquella mujer que hace un rato abrazaban y besaban con pasión. No hubo contacto humano. No estoy diciendo que cada relación necesite de un curso prematrimonial de meses para acceder a la intimidad sexual; lo que propongo es arrojar algo de luz sobre "el oscuro objeto del deseo" y quitarle un poco de sexo al arte de seducir.

Pese a que la paranoia femenina de ver al hombre como una especie de pulpo descontrolado está justificada, a veces se les va la mano. A muchas mujeres les gustaría castrar a más de un varón para poder ser sus amigas y evitar, de esta manera, cualquier interferencia del deseo. Querer descuartizar al hombre para ser su amiga, así sea psicológicamente, no deja de ser una perversión. Aunque la amistad intersexos es una realidad (todos tenemos buenas amigas "con las que no pasa nada"), casi siempre esta "asexualidad" permanece dormida o latente, pero no muerta. Los casos de "íntimos amigos" que ahora son esposos son innumerables. Muchas amigas que no nos atraen sexualmente pasarían a ser un manjar luego de algunos meses con ellas en una isla desierta. Para ser amigos de las amigas, o viceversa, no necesitamos despojarnos de la sexualidad que define el propio género. Ser amiga de un varón implica correr el riesgo de un piropo, un chiste o algún comentario con "olor a hombre".

Muchas mujeres se sorprenden de que sus íntimos amigos, "hermanitos" del alma, reconozcan atractivos físicos en ellas y se lo manifiesten. Nadie puede quitarle al otro el derecho al deseo. No estoy diciendo que el amigo hombre necesariamente deba ser un "acosón" sexual, molesto y empalagoso, sino que esa "malicia", en el buen sentido, no se cura ni se extirpa. El hombre lleva su carga de masculinidad las veinticuatro horas. Ser amigo de una mujer es entrar en contacto con su feminidad y no con un ser angelical asexuado, por eso es *amiga* y no *amigo*. Lo interesante en cualquier amistad hombre-mujer es, precisamente, compartir la variedad que ofrece la diferencia de género en la manera de ver y sentir la vida; como es obvio, teniendo el sexo relegado, alejado, diluido y bajo estricta vigilancia. Ser amiga de un varón es reconocerlo como tal, como una amalgama de sentimientos masculinos entrelazados, donde el sexo puede estar en un cuarto o quinto plano, casi imperceptible, pero "vivito y coleando". La otra opción es la que asume la sabiduría popular, y eso ya va en gustos: "El mejor amigo de una mujer es un homosexual".

En lo humano, la libido tiene muchos más papeles que la mera reproducción mecánica. Los varones debemos aceptar que cuando dejamos nuestro comportamiento en manos de las ganas sexuales la liamos, nos equivocamos, entregamos reinos, violamos, robamos y hacemos el ridículo. Cuando la conquista masculina está dirigida por la típica sobreexcitación instintiva carnal, el varón involuciona, suplica, miente, paga, ruega, en fin, se humilla. Nos degradamos cuando solamente actuamos por instinto sexual. El acercamiento amable es legitimar y refrendar a la otra persona como una opción aceptable y merecedora de lo que somos. Ni obligarse ni obligar, sino facilitar la concordancia mutua. Hace algunos años, en un baño de caballeros, encontré este poema anónimo, escrito en una pared:

Exigió un seguro de vida
y le di tres.
Exhortó honestidad comprobada
y no volví a robar.
Sugirió cumplimiento
y jamás llegué tarde.
Aconsejó moderación
e intenté el celibato.
Reclamó sigilo y discreción
y me volví invisible.
Alentó mi olvido
y contraje amnesia.
Pidió que la amara
con pasión y desenfado.
Pero estaba ya tan cansado
que no fui capaz.

Aunque el sexo esté inmerso en la esencia misma de la seducción masculina (cortejo sin deseo no es cortejo, sino asunto de negocios), y probablemente así va a seguir siendo por muchos miles de años, hay que aceptar que no es el único motivador de la conquista del varón. La aproximación hacia el sexo opuesto también está motivada por la búsqueda de compañía y la amistad. La nueva masculinidad le imprime una nueva extensión al galanteo y lo lanza mucho más allá del simple cuerpo a cuerpo.

Desde mi punto de vista, la conquista sana en humanos no es más que un conjunto de acuerdos implícitos (cuanto más silenciosos mejor) para invadirse mutuamente sin perder la soberanía personal. O dicho de otra forma, es romper en forma respetuosa el territorio del otro, reconociéndolo como un genuino ser que vale la pena explorar por fuera y, sobre todo, por dentro.

El derecho a una sexualidad digna

Dignificar la sexualidad masculina no significa racionalizar exageradamente el sexo, ni coartarlo: *lo que propongo es abolir la esclavitud sexual a la que nosotros mismos nos hemos sometido*. Liberarnos de la obsesión no implica enterrar la libido, sino trascender con ella. La sexualidad es un regalo. Pero si sólo disfrutamos del sexo desconociendo su significado real, además de quedar aprisionados en lo meramente sensorial, estaremos bordeando el peligroso sendero de la dependencia. Definitivamente, la sexualidad es mucho más que genitalidad, y si no vemos esto, nunca lograremos aprovechar su increíble magnificencia.

Una sexualidad masculina digna se refiere a una sexualidad que respete la integridad psicológica, *tanto del varón como de la mujer*. La sexualidad, cuando es digna, no envilece ni corrompe a nadie, porque no genera apego ni se comercializa.

El derecho a una sexualidad digna es no desintegrarse en la adicción; es humanizar el sexo en la vivencia del afecto; es no violentarse internamente, ni violentar; es retirarse a tiempo o estar todo el tiempo; es entender que, al menos en la química corporal, el fin no justifica los medios; es transmutarse en el otro hasta desaparecer y no asustarse por ello; es no regalarse, ni castrarse, ni someterse para obtener "favores"; es desnudarse valientemente y luego no querer vestirse; es poner a madurar el placer para que sepa mejor; en fin, ser digno en el sexo es quererse a uno mismo sin dejar de querer, y entregarse sin misericordia, sin lastimar ni lastimarse.

EPÍLOGO

MANIFIESTO DE LIBERACIÓN AFECTIVA MASCULINA

Algunos varones, conscientes del reto que implica la liberación masculina afectiva, hartos de la represión emocional a la que hemos estado sometidos por nosotros mismos y por la cultura, en franca oposición a los valores poco humanistas con los que hemos sido educados, y con un repudio total por la estructura patriarcal de la que hemos sido víctimas y que, supuestamente, estamos obligados a transmitir, expresamos y dejamos estipuladas, desde lo más profundo de nuestro sentir, las siguientes reivindicaciones de libertad emocional. Tenemos derecho:

1. A sentir miedo.
2. A ser débiles y a pedir ayuda cuando así lo consideremos.
3. A ser inútiles, a cometer errores y a no saber qué hacer.
4. A fracasar económicamente, a ser pobres y a experimentar el ocio intensa y vitalmente.

5. A vivir en paz, a negarnos a la agresión, a la guerra y a todo tipo de violencia interna y externa.
6. A emocionarnos y a expresar nuestros sentimientos positivos, ya sea física o verbalmente.
7. A estar más tiempo en familia y a participar en la crianza de nuestros hijos.
8. A comunicarnos afectivamente con los demás hombres, y a fomentar la amistad masculina sin rivalizar ni competir.
9. A disfrutar del sexo sin ser adictos sexuales.
10. A fallar como reproductores y a no transmitir el apellido.
11. A una sexualidad más afectiva y amorosa.
12. A intentar ser fieles.

Por último, aunque llueva y truene, tenemos el derecho a que las pequeñas primaveras que llevamos dentro, aquellas de las que habla Jalil Gibrán, salgan a retoñar cada vez que quieran hacerlo.

Junio de 2004

Bibliografía

American Psychiatric Association. (2000). *Diagnostic and statistical manual of mental disorders. IV edition, text revision.* Washington, D.C: American Psychiatric Association Press.

Aristóteles. (1998). *Ética nicomáquea. Ética eudemia.* Madrid: Gredos.

Bantman, B. (1999). *Breve historia del sexo.* Barcelona: Paidós.

Badcock, C. (2000). *Evolutionary psychology.* Nueva York: Polity Press.

Beck, A. T. (2003). *Prisioneros del odio.* Barcelona: Paidós.

Badinter, É. (1991). *¿Existe el instinto maternal?* Barcelona: Paidós.

Badinter, É. (1994). *XY. La identidad masculina.* Bogotá: Norma.

Betcher, W. R. y Pollack, W. S. (1993). *In a time of fallen heroes.* Nueva York: The Guilford Press.

Boff, L. y Muraro, R. (2004). *Femenino y masculino.* Madrid: Trotta.

Bowlby, J. (1985). *La separación afectiva.* Buenos Aires: Paidós.

Bowlby, J. (1990). *La pérdida afectiva.* Buenos Aires: Paidós.

Brown, P. S., Humm, R. D. y Fischer, R. B. (1988). The influence of a male's dominance status on female choice in Syrian hamsters. *Hormones and Behavior, 22*, 143-149.

Buss, D. M. (1996). *La evolución del deseo.* Madrid: Alianza.

Campbell, J. (1993). *El héroe de las mil caras.* México: Fondo de Cultura Económica.

Castañeda, M. (2002). *El machismo invisible.* México: Grijalbo.

Choi, P., Pope, H., Olivardia, R. y Cash, T. (2002). Muscle dysmorphia: A new syndrome in weightlifters. *British Journal of Sports Medicine, 36*, 375-383.

Cicerón. (1998). *La amistad.* Madrid: Temas de Hoy.

Cioran, E. M. (1996). *El ocaso del pensamiento.* Barcelona: Tusquets.

Comte-Sponville, A. (1997). *Pequeño tratado de las grandes virtudes.* Santiago de Chile: Andrés Bello.

Cortina, A. (2000). *Ética sin moral.* Madrid: Tecnos.

Darwin, C. (2004). *El origen de las especies.* Buenos Aires: Longseller.

Davila, J. y Cobb, R. J. (2005). Predictors of change in attachment security during adulthood. En W. S. Rholes y J. A. Simpson (Eds), *Adult attachment.* Nueva York: The Guilford Press.

Díaz-Plaja, F. (1996). *La vida amorosa en el siglo de oro.* Madrid: Temas de Hoy.

Drucker, P. (1998). *La sociedad postcapitalista.* Bogotá: Norma.

Dugatkin, L. A. y Godin, J. J. (2002). How females choose their mates. *Scientific American, 4*, 42-44.

Eckhart, Maestro. (1998). *El fruto de la nada.* Madrid: Siruela.

Eslava Galán, J. (1996). *La vida amorosa en Roma.* Madrid: Temas de Hoy.

Faur, E. (2004). *Masculinidades y desarrollo social.* Bogotá: UNICEF, Arango Editores.

Fisher, H. (1996). *La anatomía del amor.* Buenos Aires: Emecé.

Fisher, H. (2004). *Por qué amamos.* Barcelona: Taurus.

Freud, S. (1948). *Obras completas.* Madrid: Biblioteca Nueva.

Fromm, E. (1998). *El arte de amar.* Barcelona: Paidós.

Fromm, E. (2002) *¿Tener o ser?* México: Fondo de Cultura Económica.

Giroud, F., y Bernard-Henri, L. (1995). *Hombres y mujeres.* Madrid: Temas de Hoy.

Gutiérrez, V. (1994). *Familia y cultura en Colombia.* Medellín: Universidad de Antioquia.

Jung, C. G. (1996). *Los arquetipos y el inconsciente colectivo.* Madrid: Trotta.

Jung, C. G. (1997). *El hombre y sus símbolos.* Barcelona: Paidós.

Hapgood, F. (1981). *Por qué existe el sexo... masculino.* México: Fondo Educativo.

Harris, M. (1986). *Caníbales y reyes.* Barcelona: Salvat.

Héritier, F. (1996). *Masculino/femenino.* Madrid: Ariel.

Knibiehler, Y. (2001). *Historia de las madres y de la maternidad en occidente.* Buenos Aires: Nueva Visión.

Kaufman, M. (1997). Las experiencias contradictorias del poder de los hombres. En T. Valdés y J. Olavaría (Eds.), *Masculinidades. Poder y crisis*. Santiago de Chile: Ediciones de las Mujeres.
Lipovetsky, G. (1999). *La tercera mujer*. Barcelona: Anagrama.
López Beltrán, M. T., Jiménez Tomé, J. y Gil Benítez, E. (2002). *Violencia y género*. Málaga: Cedma.
Luna, I. (2003). Androginia y postmodernismo. Cuatro Congreso Virtual de Psiquiatría. http: //www.interpsiquis.com. Acceso verificado el 18 de septiembre de 2003.
Luna, I. (2005a). Las adicciones en la mujer. En E. Correa y E. Jadresic (Eds.), *Psicopatología de la mujer*. Santiago de Chile: Mediterráneo.
Luna, I. (2005a). Belleza, mujer y psicopatología. En E. Correa y E. Jadresic (Eds.), *Psicopatología de la mujer*. Santiago de Chile: Mediterráneo.
Milner, R. (1995). *Diccionario de la evolución*. Barcelona: Bibliograf.
Malinowski, B. (1991). *Crimen y costumbre en la sociedad salvaje*. Barcelona: Ariel.
Maturana, H. (1996). *El sentido de lo humano*. Santiago de Chile: Dolmen.
Nietzsche, F. (1968). *Obras inmortales*. Madrid: Goya.
Oldham, J. M., Skodol, A. E. y Bender, D. S. (2005). *Personality disorders*. Nueva York: The American Psychiatric Publishing.
Ovidio. (2000). *El arte de amar*. Bogotá: Norma.
Pérez, T. M. (2002). *Amor, maltrato y emoción*. México: Alfa Omega.
Quevedo, F. (1992). *Obras completas*. Madrid: Aguilar.
Raine, A. y San Martín, J. (2000). *Violencia y psicopatía*. Madrid: Ariel.
Rholes, W. S. y Simpson, J. A. (2004). *Adult attachment*. Nueva York: The Guilford Press.
Riso, W. (1990). *Asertividad*. Medellín: Rayuela.
Riso, W. (2012a). *Ama y no sufras*. México: Océano.
Riso, W. (2012b). *Cuestión de dignidad*. México: Océano.
Riso, W. (2012c). *La fidelidad es mucho más que amor*. México: Océano.
Riso, W. (2012d). *Sabiduría emocional*. México: Océano.

Sadock, B. J. y Sadock, V. A. (2005). *Clinical psychiatry*. Nueva York: Lippincott Williams & Wilkins.

Sagan, C. y Druyan, A. (1993). *Sombras de antepasados olvidados*. Barcelona: Planeta.

Schopenhauer, A. (1998). *El amor, las mujeres y la muerte*. Barcelona: Edicomunicaciones.

Shaffer, D. R. (2002). *Desarrollo social y de la personalidad*. Madrid: Thomson.

Sykes, B. (2005). *La maldición de Adán*. Barcelona: Debate.

Vilar, E. (1995). *¿Es inmoral el matrimonio?* Barcelona: Grijalbo.

Vivekananda. (2002). *El poder del jñana yoga*. México: Alamah.

Worchel, S., Cooper, J., Geothals, G. R. y Olson, J. M. (2002). *Psicología social*. México: Thompson.

Zumaya, M. (1998). *La infidelidad*. México: Edamex.

Títulos de la biblioteca Walter Riso

- **Pensar bien, sentirse bien**
  Nada justifica el sufrimiento inútil
- **El poder del pensamiento flexible**
  De una mente rígida a una mente libre y abierta al cambio
- **Cuestión de dignidad**
  El derecho a decir NO
- **Enamórate de ti**
  El valor imprescindible de la autoestima (Aprendiendo a quererse a sí mismo)
- **Sabiduría emocional**
  Un reencuentro con las fuentes naturales del bienestar y la salud emocional
- **El camino de los sabios**
  Filosofía para la vida cotidiana
- **Desapegarse sin anestesia**
  Cómo soltarse de todo aquello que nos quita energía y bienestar

- **¿Amar o depender?**
  Cómo superar el apego afectivo y hacer del amor una experiencia plena y saludable
- **Los límites del amor**
  Hasta dónde amarte sin renunciar a lo que soy
- **Amores altamente peligrosos**
  Los estilos afectivos con los cuales sería mejor no relacionarse: cómo identificarlos y afrontarlos
- **Ama y no sufras**
  Cómo disfrutar plenamente de la vida en pareja
- **Manual para no morir de amor**
  Diez principios de supervivencia afectiva
- **Deshojando margaritas**
  Acerca del amor convencional y otras malas costumbres
- **La fidelidad es mucho más que amor**
  Cómo prevenir y afrontar los problemas de la infidelidad
- **Lo que toda mujer debe saber acerca de los hombres**
  La afectividad masculina
- **Enamorados o esclavizados**
  Manifiesto de liberación afectiva

Esta obra se imprimió y encuadernó
en el mes de marzo de 2016,
en los talleres de Edamsa Impresiones, S.A. de C.V.,
Av. Hidalgo No. 111, Col. Fraccionamiento
San Nicolás Tolentino, Delegación Iztapalapa
México, D.F., C.P. 09850